MOUNTAIN
MOMENTS

Outdoor Guide Innsbruck
Die 60 schönsten Bergabenteuer.

IMPRESSUM

Die Deutsche Nationalbibliothek verzeichnet diese Publikation; detaillierte bibliografische Dateien sind unter dnb.d-nb.de abrufbar.

1. Auflage 2020
ISBN: 978-3-948723-01-9
© Marius Schwager

Layout, Konzeption, Gestaltung Cornelia Zeug (7012 Agency)

Art Direction Cornelia Zeug, Mathias Mayer

Lektorat, Korrektorat Anja Mayer-Cilliers

Übersichtskarten Leon Bührle, Christopher Guth (Datenquellen: www.opentopomap.org, www.mapbox.com, qgis)

Texte Marius Schwager, Angelika Waibel (Naturschutz), Matt Clark (Kayak)

Fotografien Marius Schwager, Ötztal Tourismus, TVB Innsbruck, Lea Hartl, Adrian Niski, Michael Neumann

Cover Marius Schwager, Melanie Bittner (Innsbrucker Klettersteig)

Herausgeber Marius Schwager

Verlag Mountain Moments www.mountainmoments.de

HAFTUNGSAUSSCHLUSS

Das Bewegen in der freien Natur und alpinen Regionen birgt Risiken. Jeder, der dort Sportarten ausübt, setzt sich Risiken aus, die unter Umständen zu schweren Verletzungen oder zum Tod führen können. Wir bitten alle Sportler, Vorsicht und Vernunft walten zu lassen.

Im hochalpinen Gelände können sich die Wetterbedingungen und die Beschaffenheit von Wegen kurzfristig binnen Stunden oder langfristig über Jahre hinweg dramatisch verändern, weshalb eine eigenverantwortliche Information und Planung zwingend notwendig ist.

Die Herausgeber lehnen jegliche Haftung für Unfälle ab, die aus dem Gebrauch dieses Buchs entstehen können.

Alle hier vorgestellten Touren wurden nach bestem Wissen und Gewissen recherchiert und geprüft. Dennoch übernehmen wir keine Haftung für mögliche Unklarheiten und Fehler. Für Kritik, Verbesserungsvorschläge und Fehlerhinweise sind wir sehr dankbar: info@mountainmoments.de

MOUNTAIN
MOMENTS

Inhalt

Geleitwort

Unzählige Bergfahrten rund um Innsbruck haben mich zu wunderbaren Orten geführt und vielfältige Abenteuer mit meinen Begleitern erleben lassen. Sonnige, schweißtreibende Wanderungen in saftigen Bergwiesen und an rauen Felsen im Sommer, actionreiche Skiabfahrten in unberührten Schneelandschaften im Winter.

Eingebettet vom schroffen Karwendelgebirge im Norden und dem massiven Alpenhauptkamm, fühlt man sich in Innsbruck wie in einem Nest. Auf engem Raum lässt sich im Jahresverlauf und mit den unterschiedlichen Bergsportarten von hier die Natur auf fast unendliche Arten entdecken. Diese Vielfältigkeit und mit nachhaltigen Verkehrsmitteln erreichbare Naturerlebnisse waren der Grundgedanke dieses interdisziplinären Werks.

Immer wieder erreichen mich dabei oder danach Rückmeldungen von Freunden, Touren- und Abenteuerpartnern. Dem vielfach geäußerten Wunsch nach einer Zusammenfassung dieser besonderen Orte für die beliebtesten Outdoor-Sportarten und Abenteuer trägt dieses Buch Rechnung. Die schönsten Orte rund um Innsbruck erleben, die leicht erreichbaren Landschaften und erlebten Momente festzuhalten, die Freiheit in den Bergen spüren. Das war der Antrieb für dieses „best-of".

Dieses Werk möchte Anregung fördern, es möchte keinen Anspruch auf Vollständigkeit erheben. Es soll kein umfassender Führer oder gar Lehrbuch sein. Vielmehr soll es Wegweiser und Inspirationslieferant zum eigenen stadtnahen Naturerleben sein. Es soll eingefleischte einheimische Sportfans genauso inspirieren und begeistern, wie Menschen, die ihren Lebensmittelpunkt nach Innsbruck verlagern und auch Bergsportler, Abenteurer und Entdeckungslustige anleiten, die hier ihre Freizeit oder Urlaub verbringen. Der sportartübergreifende Guide soll anregen, Sportarten zu entdecken, neue Orte zu erkunden und Horizonte zu erweitern.

Für die getroffene Auswahl an Sportarten, Orten und Bergabenteuern war nicht nur das Prinzip der landschaftlichen Schönheit entscheidend. Die Beliebtheit der Sportarten und Touren, vielfältige Schwierigkeitsgrade und Erreichbarkeit mit nachhaltigen Verkehrsmitteln waren maßgeblich für die Aufnahme in dieses illustre „best-of" Outdoorsport rund um Innsbruck verantwortlich und ich hoffe, der gestellten Aufgabe in bescheidenem Maße gerecht geworden zu sein.

Der Titel des vorliegenden Buches mag etwas eigenwillig klingen. Denn wer, frage ich mich, wäre berechtigt, eine willkürliche Auswahl an Outdoor-Sportarten und Abenteuer-Touren mit dem Prädikat „die schönsten" auszuzeichnen? Persönlich gefallen mir die Einsamkeit bei einer abgelegenen Skitour bei Schneefall genauso sehr, wie manch hochfrequentierte Mountainbike-Hausrunde bei bestem Feierabendwetter.

Ich möchte mit diesem Buch zu meiner Leidenschaft anregen, die Natur zu erleben und mit ihr zu leben, sportliche Herausforderungen anzugehen, Abenteuer zu erleben, und eine Anleitung für nachhaltige Erlebnisse liefern.

Mein großer Dank geht an das Mountain Moments Team, ohne dessen Unterstützung, Ideen, Inspiration und Umsetzungsmut dieses Buch nicht entstanden wäre.

Das gesamte Team wünscht Dir, lieber Leser, liebe Leserin, unvergessliche Stunden, Naturgenuss und sportliche Herausforderungen und viele einzigartige und bleibende Bergmomente.

Marius Schwager

„Innsbruck ist von Bergen
eingefasst. Sie sind wie eine
Riesen-Umarmung – hier fühlt
man sich einfach wohl.
Innsbruck ist Liebe."

CORNELIA ZEUG

Zum Gebrauch

Alle Touren sind online abrufbar unter – registriere dich online und erhalte alle Touren, GPS-Tracks und Profi-Fototipps gratis per E-Mail. Halte dieses Buch bereit!

www.mountainmoments.de/
outdoor-guide-innsbruck/

In diesem Buch sind 60 Outdooraktivitäten vorgestellt. Die Reihung erfolgte nach Jahreszeit sowie Sportarten. Zur Orientierung und dem eigenen Nacherleben sind zu jeder Tour die wichtigsten Informationen übersichtlich zusammengefasst. Dort, wo es sinnvoll ist, erleichtert eine topografische Karte die Orientierung.

Die Tourenauswahl erfolgte subjektiv. Objektive Kriterien waren relative Verteilung in den Regionen, touristische Erschließung und Kapazität, Erreichbarkeit mit öffentlichen Verkehrsmitteln, Varianz der Tourenschwierigkeit und Anforderungen, Abwechslungsreichtum über die einzelnen Sportarten und innerhalb der Sportarten, landschaftliche Ästhetik, Alternativoptionen bei dieser Tour, Naturschutzaspekte und der sagenumwobene Kaspressknödelindex.

Das Spektrum der Touren und Abenteuer soll eine breite Schwierigkeitspalette abdecken. Die einfachen Optionen sind für normal sportliche Menschen erreichbar und machbar. Die schwierigeren, teils mehrtägigen Optionen erfordern sportartspezifische Vorkenntnisse, Fähigkeiten und ein entsprechendes Fitnesslevel.

Dieses Buch verzichtet auf die genderkorrekten Schreibweisen. Wir möchten alle Menschen gleichsam ansprechen und bitten für einen guten Lesefluss um Nachsicht.

WARNUNG

Unternehmungen in den Alpen bergen Gefahren. Vor jeder Tour sind aktuelle Informationen einzuholen und es ist immer situativ vor Ort zu entscheiden, ob die aktuelle Gefahrenlage mit den individuellen Voraussetzungen und Risikopräferenzen übereinstimmen. Je schwieriger die jeweilige Unternehmung, desto mehr Gefahrenstellen sind meist vorhanden. Spezifische Gefahren, wie beispielsweise erhöhte Absturzgefahr, sind unter Besonderheiten der jeweiligen Touren benannt. Sportartunspezifische Gefahren, wie beispielsweise Lawinengefahr bei Schneelage, sind hier nicht explizit aufgelistet.

Die Bedingungen in den Bergen können sich im Laufe der Zeit langfristig oder kurzfristig ändern. Der Leser ist für das Nacherleben der vorgestellten Touren selbst verantwortlich.

Die sportartspezifischen Kenntnisse und Fähigkeiten muss sich jeder Leser selbst aneignen und unter Eigenverantwortung auf sich nehmen. Zum Absolvieren einer Bergtour ist eine gewisse Grundkondition ratsam.

ANREISE

Fast alle Touren und Gebiete in diesem Guide sind mit dem Öffentlichen Nahverkehr sinnvoll zu erreichen (Ausnahme: Kayak und Rafting). Für einen nachhaltigen Umgang mit der Umwelt legen wir dir diese Verkehrsnutzung zur Anreise nach Innsbruck sowie zu den einzelnen Touren und Spots nahe.

In der VVT SmartRide App findest du Fahrpläne und Verbindungen für die umweltfreundliche Öffi-Anreise zu den Touren.

 smartride.vvt.at

15

Erklärung der Symbole

KARTEN

Die Zeichnungen der jeweiligen Route dienen der Orientierung und bieten einen schnellen Überblick, können einer vernünftigen Touren-planung allerdings nicht genügen und sie nicht ersetzen. Zu jeder Tour ist eine maßstabsgetreue topografische Karte vorhanden. Die Karten sind genordet und verfügen je nach Route über einen unterschiedlichen Maßstab. Für erfahrene Berg-sportler können die Karten zur Tourenplanung genügen. Dennoch empfehlen wir, eine ordent-liche topografische Landeskarte 1:25.000 mit-zuführen (analog oder digital).

KARTENLEGENDE

⋮ Die Route wie im Text beschrieben.
⋮ Entlang der Pfeilrichtung starten.

▲ Wichtige Berggipfel und deren Höhenangabe in Meter ü. NN.

P   PKW Parkplatz

B   Bahnhof

H   Bushaltestelle des Öffentlichen Nahverkehrs

| Seilbahn, Gondel, Skilift oder Hüttentransport-bahn.

✗ Verpflegungsstation, Hütte

Bitte beachten: Insbesondere Informationen zu Hütten und Lifte können sich binnen weniger Jahre ändern. Mitunter sind die Informationen in den Karten bereits zum Zeitpunkt des Drucks veraltet. Wir bitten um Nachsicht.

NATURSCHUTZ

Die Alpen, das besterschlossene Hochgebirge der Welt, sind Rückzugs- und Überlebensraum für selten gewordene Tiere und Pflanzen. Was-serquellen, Gletscher und Seen sind wichtige Trinkwasserspeicher für Menschen. Kurz gesagt: Die Alpen sind ein hochsensibles, enorm wichti-ges Ökosystem und ihr Schutz dient auch unse-ren eigenen Interessen.

Wildschutzzonen sind zu meiden und bei Tier-sichtung ist ein langsames rückseitiges Entfer-nen sinnvoll.

Ein menschengemachtes Konsumproblem ist Müll. Dieser ist im Hochgebirge aufwendig zu entsorgen und verrottet in der Natur durch die kalten Jahreszeiten und kurzen Sommer nur langsam.

Wichtig ist uns, dass du folgende Grundregeln beachtest:

- *Hinterlasse keinen Müll!* Verlasse den Spot sauberer, als du ihn vorgefunden hast.
- *Halte dich an die jeweiligen Regeln vor Ort:* Einige der genannten Touren befinden sich auf Privatgelände. Respektiere das Eigentum und trete den Inhabern mit Respekt und Dankbar-keit gegenüber. Teilweise gelten spezifische Regeln für das Veröffentlichen dieser Loca-tions, bitte halte dich daran.
- *Respektiere Andere!* Menschen, Tiere und die Natur. Wir haben nur ein Leben und einen Planeten. Es wäre doch schade, wenn wir die Schönheit der Natur nicht gemeinsam genießen und nicht für die Nachwelt erhal-ten könnten.
- *Natur braucht Nachhaltigkeit!* Wir bewegen uns in einem Naturschauspiel dieser Erde. Bitte trage auch du deinen Teil dazu bei, dass die Erde so schön bleibt, wie sie ist.

Insbesondere deine Anreise und dein Konsum schadet der Umwelt. Versuche, diese Verschmutzung daher möglichst gering zu halten: Nutze öffentliche Verkehrsmittel oder Carsharing, vermeide Einwegprodukte etc. und teile diese Einstellung mit deinen Freunden.

Wer diese Grundregeln beachtet, sichert nicht nur sich selbst ein schönes Bergerlebnis, sondern kann auch gemeinsam mit anderen die schönsten Abenteuer rund um Innsbruck nachhaltig genießen und sich daran erfreuen. Freude mehrt sich bekanntlich, wenn man sie teilt. Informiere dich und setze dich für nachhaltige Naturnutzung ein. Wir empfehlen folgende nichtstaatliche Organisationen:

Alpenverein
www.alpenverein.at

Cipra
www.cipra.org

Greenpeace
www.greenpeace.at

Naturfreunde
www.naturfreunde.at

Naturschutzbund
www.naturschutzbund.at

Umweltdachverband
www.umweltdachverband.at

WWF
www.wwf.at

NOTFALL

Da Menschen nie fehlerfrei agieren werden und auch die Natur nicht hundertprozentig berechenbar ist, ist es Pflicht eines jeden Wanderers, sich mit Notfallszenarien auseinander zu setzen. Kameradenrettung ist gerade bei Bergunfällen manchmal die einzige und sinnvolle Rettungsmöglichkeit.

Aus Platzgründen kann hier kein ausreichender Überblick über die notwendigen Maßnahmen bei einem Unfall gegeben werden. Neben dem Mitführen eines Erste-Hilfe-Sets sollte immer ein Telefon mit ausreichend Batterieladung mitgeführt werden. Eine genaue Beschreibung der Unfallstelle bzw. des Unfallorts ist essenziell für eine rasche Bergung. Bei Solotouren empfiehlt es sich, einer unbeteiligten Person vorab Auskunft über die geplante Tour zu geben sowie eine Meldezeit für die Rückkehr auszumachen.

144
BERGRETTUNG

140
ALPINNOTRUF

112
EUROPÄISCHER NOTRUF

133
POLIZEI

Der Europäische Notruf geht zur Polizeischaltstelle und funktioniert auch anstatt der Pin-Eingabe am Handy. In Grenznähe kann es insbesondere bei Wahl des Europäischen Notrufs dazu kommen, dass die Rettung aus den Nachbarstaaten erfolgt.

FREERIDE

„Stiebende Schneekristalle
und Adrenalinschübe.“

Arlberg

Im weißen Rausch.

Arlberg

Der Arlberg spielt gekonnt mit dem Image, das Skifahren erfunden zu haben. Eigentlich waren es zwar die Schwarzwälder, Schweizer und Engländer, die das Skifahren erfunden haben. Der Film von Regisseur Arnold Fanck aus dem Jahr 1931 verhilft dem Arlberg aber heute noch zu seinem illustren Image: "Der weiße Rausch" ist nicht nur Filmtitel, sondern verspricht, das Skifahren gleich zu Experience und Lebensgefühl zu machen.

Die lange Skitradition ist vor allem eine lange Tiefschneetradition. Am Arlberg rieselt der Schnee oft in himmlischen Mengen vom Himmel. Die Lage am Nordwestrand der Alpen sorgt dafür, dass Staulagen von Nord bis West für Niederschläge sorgen. Je näher dem Ort Lech, desto höher die Schneeberge am Straßenrand.

Der Arlberg liegt nur eine Zugstunde oder Autostunde von Innsbruck entfernt.

Der klassische Tiefschneekurzschwung wird nicht ohne Grund „Arlberger Schule" genannt. Dicht an dicht, in perfekter Symmetrie reihen sich auch heute noch viele der Spuren durch die Hänge des Gebiets.

Das Gelände ist so weitläufig und vielfältig, dass es sich nur schwer sagen lässt, welches die Top 3 Abfahrten gibt. Es gibt zig Klassiker. Im Arlberggebiet findet man viele lohnende Skitourenmöglichkeiten, mit- oder ohne Liftunterstützung. Ist man schnell genug, schafft man es unter Umständen sogar, vor den ersten Heliskifahrern auf den Gipfel des Mehlsacks und kann den Reichen und/oder Schönen die erste unverspurte Abfahrt stibitzen.

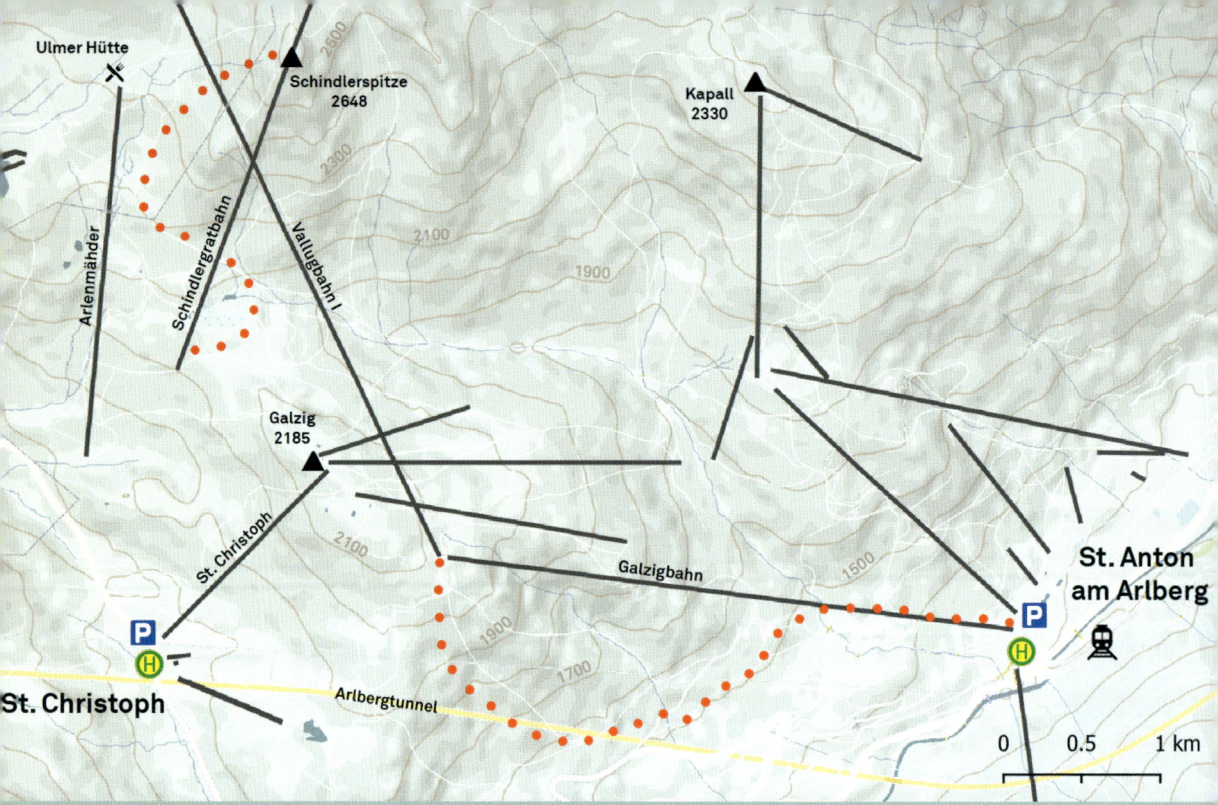

Ulmer Hütte

Schindlerspitze
2648

Kapall
2330

Arlenmähder

Schindlergratbahn

Vallugabahn I

2500

2300

2100

1900

Galzig
2185

St. Christoph

2100

Galzigbahn

1500

St. Anton
am Arlberg

1900

1700

St. Christoph

Arlbergtunnel

0   0.5   1 km

Schwierigkeit ● ● ○ ○ ○

Anreise Öffentliche Verkehrsmittel
Mit dem Zug von Innsbruck bis zum Bahnhof
St. Anton. Vor dort in 3 Minuten zu den
Talstationen der Bergbahn.

Dauer
0,5h, 3,5km

Aufstieg/Abstieg
0m / 775hm

Höchster/Tiefster Punkt
2085m / 1305m

Start/Ziel
Bergstation Galzigbahn
(Koordinaten: geogr. 47.130651,10.230331)

Beste Jahreszeit
Januar bis März

Einkehrmöglichkeit
• St. Anton, Moserwirt
• Crazy Känguru

Maienwasen

Maienwasen ist ein Schlechtwetterklassiker am Arlberg. Wo in Lech und Zürs (Vorarlberg) derzeit alle freien Waldabfahrten verboten sind, wartet hier ein schöner, weitläufiger Südhang auf Fortgeschrittene mit kontrastspendenden Bäumen und Sträuchern.

Wegbeschreibung
Die eigentliche Variante beginnt südlich der Bergstation der Galzig-Gondelbahn. Gleich nach der Terrasse des Restaurants verlässt man die Piste Nr. 8 nach links über schöne und flache Hänge. Auf ca. 1900 m beginnt leichter Bewuchs. Metallstangen weisen am linken Steilhang vorbei. Dann auf breitem Hang beliebig talwärts. Oberhalb der Hochspannungsleitung links halten, sodass man auf ca. 1540 m auf eine Forststraße trifft. Man passiert den futuristisch anmutenden Entlüftungsschacht des Arlbergtunnels. Dann überquert man eine Straße und fährt gegenüber auf Lichtungen weiter nach links dem Hang entlang. Oberhalb der Häuser trifft man auf die Skiroute Nr. 3 und folgt dieser zurück ins Skigebiet.

Fototipps
Der frühe Vogel fängt den Wurm! Kenne deine Spots und plane den perfekten Lichteinfall vorab! Gehe nah an die Bäume bei Schneefall im Maienwasen. Betone durch geschicktes Positionieren das steile Gefälle im Schindlerkar.

Buchtipps:
- Andy Thurner: Abseits der Piste rund um den Arlberg, Eigenverlag Andy Thurner 2009
- Andy Thurner: Arlberger Skitouren. Eigenverlag Andy Thurner, 2006
- Powderguide Tirol: Die besten Freeride-Touren, Tyrolia Verlag, 2. überarbeitete Auflage 2012

Schwierigkeit ● ● ● ○ ○

Anreise Öffentliche Verkehrsmittel
Mit dem Zug von Innsbruck bis zum Bahnhof St.
Anton. Vor dort in 3 Minuten zu den Talstationen
der Bergbahn.

Dauer
0,25h, 2km

Aufstieg/Abstieg
0hm / 600hm

Höchster/Tiefster Punkt
2648m / 2010m

Start/Ziel
Schindlerkarlift Bergstation (2638m)
(Koordinaten: geogr. 47.149976, 10.221941)

Beste Jahreszeit
Januar bis April

Besondere Gefahren
Keine

Schindlerkar

Kurze und recht steile direkt einsehbare Variante im Skigebiet St. Anton. Bei großen Neuschnee-fällen ist Vorsicht geboten. Das Schindlerkar liegt unmittelbar an der Bergstation Galzig und den Skipisten. Vom Startpunkt aus sieht man direkt ins Kar, das durch seine fotogene Süd-flanke jedes Freeriderherz höherschlagen lässt. Von der Lage mitten im Skigebiet sollte man sich in seinen Sicherheitsvorkehrungen nicht täu-schen lassen.

Wegbeschreibung

Von der Bergstation Schindlerkar folgt man wenige Meter der Skipiste. Links gibt es immer wieder Möglichkeiten, in den steilen Westhang einzufahren. Je nach Bedingungen und Schnee-lage (steinig!) kann man sich für die flachere Variante entscheiden und noch etwas länger auf der Skipiste bleiben, bevor man die Westhänge quert. Eine andere Möglichkeit ist es, in eine der steilen Rinnen direkt nach der Bergstation ein-zufahren. Dieser Weg endet direkt auf der Ski-piste und man fährt zurück zum Schindlerkar Sessellift.

Variante: Wer nicht zu weit abfährt, kann skier's left die Traverse in Richtung der markanten gro-ßen Gondelstütze (Valluga I) fahren (nicht ein-gezeichnet). Ab hier geht es in den eigentlichen südseitigen Kessel des Schindlerkars. Hier nun schließlich zurück auf die Skiroute queren und zurück zum Schindlerkar Sessellift.

Schwierigkeit ● ● ● ● ○

Anreise Öffentliche Verkehrsmittel
Mit dem Zug von Innsbruck bis zum Bahnhof St.
Anton. Vor dort in 3 Minuten zu den Talstationen
zur Talstation der Rendl Bergbahn.

Dauer
4h, 11km

Aufstieg/Abstieg
160hm / 1510hm

Höchster/Tiefster Punkt
2645m / 1284m

Start/Ziel
Rendl 2 Bergstation
(Koordinaten: geogr. 47.101111, 10.285070)

Beste Jahreszeit
Januar bis März

Einkehrmöglichkeiten
Keine

Tipps
Einzeltickets für Bergfahrten lösen.

Besondere Gefahren
Klettersteig! Entsprechende Ausrüstung, Trittsicherheit, Schwindelfreiheit und Kenntnisse
erforderlich.

Rendl-Klettersteig

Der einzige Winter-Klettersteig Tirols ist tritt-
festen Freeridern durchaus zu empfehlen.
Nach einem verhältnismäßig kurzen, dafür luf-
tig-schönen Klettersteig warten verschiedene,
lange Abfahrtsmöglichkeiten bis ganz ins Tal.

Wegbeschreibung Aufstieg

An der Bergstation des Riffel-2-Sesselliftes im
Rendl-Teilgebiet schnallt man die Ski auf den
Rucksack und geht zu Fuß einige Schritte nach
Südosten in Richtung des Grates, der zur vorderen Rendlspitze führt. Der Einstieg des Klettersteigs befindet sich direkt am Beginn des
Felsgrates. Nach dem Anlegen von Gurt und
Klettersteigset steigt man über den Klettersteig, der dem Gratverlauf folgt, zur Vorderen
Rendlspitze (2816m) auf. Bis auf wenige Passagen klettert man mit Hilfe des Stahlseils im Fels.
Nur selten geht man, teilweise ohne Seil, auf
einem Schneegrat. Nach der Vorderen Rendlspitze führt der Klettersteig hinunter zur Ross-
fallscharte (2732m), wo Gurt und Klettersteigset
verstaut und die Ski angezogen werden.

Abfahrt

Die lohnendste Abfahrt führt von der Scharte
zunächst nach Osten, dann kurz nach Südost
ins Malfontal und durch dieses nach Nordosten
zur Hinteren Malfonalpe (1825m). Von dort weiter dem Talverlauf nach Norden über die Vordere
Malfonalpe (1688m) bis ins Tal nach Pettneu
folgen. Das unterste Stück der Abfahrt verläuft
auf einem Forstweg. Wo dieser endet, kann noch
über eine Wiese bis zu den ersten Häusern abgefahren werden. Von hier geht man auf der Straße
hinunter zum Freizeitzentrum, wo sich die Bushaltestelle befindet. Von hier geht es mit dem
Skibus schnell zurück nach St. Anton.

Nordkette

Die „Gruabn" –
Steil und geil über der Stadt.

Nordkette

Wer die Worte „Steile Hänge" und „Uni-Hörsaal" in einem Satz hört, weiß sofort: es geht um die Innsbrucker Nordkette. Direkt aus dem Uni-Hörsaal geht es nämlich in weitläufiges, größtenteils sehr steiles Gelände. Spektakuläre Tiefblicke in die Innenstadt und steile Powderschwünge bestimmen Flair und Leben der Freerider der Unistadt Innsbruck. Weltweit einzigartig ist die Verbindung von Hörsaal zu Freeride-Runs von bis zu 1500 Höhenmetern.

Die Nordkette ist ein klassisches Nordstaugebiet und erhält nicht selten 50cm Neuschnee und mehr binnen 24 Stunden. Die „Gruabn", wie die Innsbrucker ihr kleines Skigebiet nördlich der Stadt nennen, ist international bekannt. Der Schneereichtum gehört zum Schulwissen der Innsbrucker und wird gefühlt bei jedem Uni-Aufnahmetest direkt mit abgeprüft. Aufgrund dieses weit verbreiteten Wissens muss man an Powdertagen oft lange Wartezeiten an der Gondel und viel Konkurrenz um die begehrten ersten Spuren in Kauf nehmen. Das Powder-Fieber ist hier meist fortgeschrittenen Stadiums. Das leicht erreichbare Gelände ist schnell verspurt, und durch die Südexposition sind im Frühjahr oft nur die Vormittagsstunden wirklich lohnend.

Schwierigkeit ● ● ● ● ○

Anreise Öffentliche Verkehrsmittel
Innsbruck Zentrum bis Hungerburg - Bus J oder
Hungerburgbahn bis Hungerburg.

Dauer
0,5h, 5km

Aufstieg / Abstieg
20m / 350hm

Höchster / Tiefster Punkt
1905m / 2256m

Start / Ziel
Bergstation Nordkette Hafelekar
(Koordinaten: geogr. 47.311975, 11.383606)

Beste Jahreszeit
Dezember bis März

Einkehrmöglichkeiten
Restaurant Seegrube

Besondere Gefahren
Keine

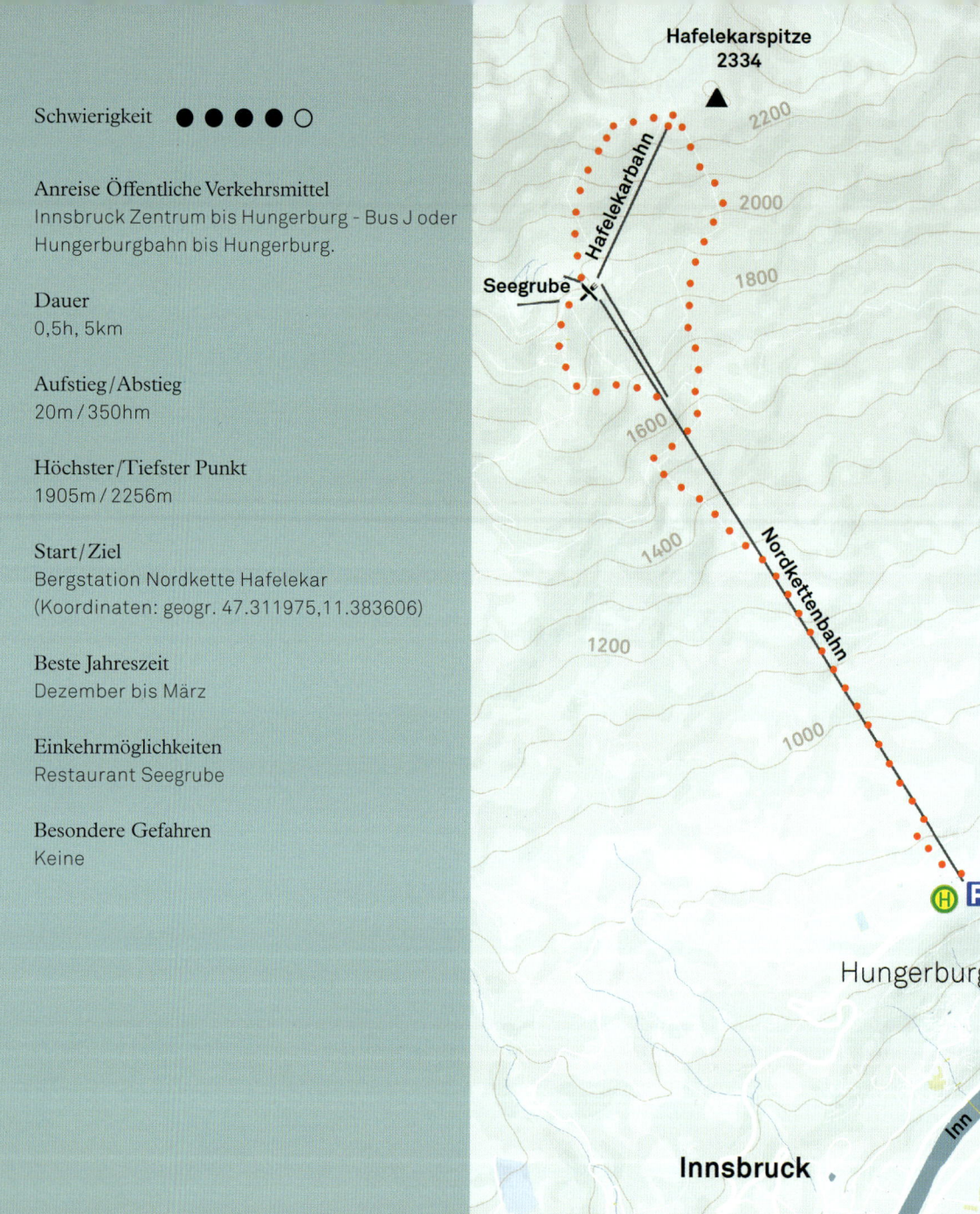

Freeride

Karrinne (Hafelekar)

Das berühmte, steile Hafelekar thront über der Innsbrucker Innenstadt. Entsprechend sind die Hänge frequentiert. Das Gedränge um die erste Gondel ist legendär, die Abfahrten nicht weniger.

Wegbeschreibung

Von der Gipfelstation der Hafelekar-Gondel gibt es drei Hauptvarianten. Die Skirouten werden nach Neuschneefällen kontrolliert, Lawinen gesprengt und, wenn möglich, die Routen freigegeben. Die Hafelekarrinne ist die bekannteste Variante. Man steigt von der Bergstation einige Höhenmeter nach Norden auf, geht dann etwa fünf Minuten nach Westen, um den kaum zu verfehlenden Einstieg zu erreichen (links der Hütte und Sprengeinrichtung). Von hier in Falllinie durch das breite Kar zur Station Seegrube.

Die Seilbahnrinne befindet sich direkt unter der Gondel. Vom Ausgang der Bergstation links von der Mauer nach rechts unterhalb der Bergstation queren (etwas ausgesetzt) und durch den schmalen, steilen Einstieg in die Rinne. Nach der Rinne kann man nach rechts zurück zur Mittelstation queren oder weiter über die Skiroute „Langes Tal" zum Sessellift abfahren.

Die Direttissima ist die direkte Variante von der Hafelekarstation. Der Einstieg erfolgt entweder direkt neben der Mauer an der Bergstation. Für den östlichen Teil der Direttissima aber geht es wenige Schritte hinauf und von dort entlang des Wanderwegs „Goetheweg" nach Osten queren. Nach Verlassen der Rinne fährt man entweder zurück zum Sessellift oder gleich weiter über die „Autobahn" oder über die Arzler Alm (Vorsicht: Absturzgefahr, Routenwahl vorher recherchieren!) ins Tal.

Autobahn

Ob vom Hafelekar oder von der Seegrube: die Autobahn zeigt schon im Namen ihren Charakter. Zur richtigen Zeit mit dem richtigen Fortbewegungsmittel ist die knapp 1100 bzw. gut 1400 Höhenmeter lange Abfahrt rasend gut! Die Autobahn ist in bester Lage, verfügt über einfachste Wegführung und ist sehr stark befahren.

Wegbeschreibung

Über die Direttissima-Rinne zur Talstation des Sessellifts und immer weiter entlang der Gondel in der Waldschneise im Latschenwald Richtung Tal. Liegt weiter unten wenig Schnee (fast immer), folgt man besser den Forstwegen bzw. Pisten zur Hungerburg.

Alternative: Abfahrt zur Arzler Alm, von hier auf Wander- oder Forstweg zurück zur Talstation Seegrubenbahn / Hungerburg.

Fototipps

Im Powderstress und -fieber ist das Fotografieren keine einfache Angelegenheit. Eine sehr gute Location-Planung muss mit guten Bedingungen Hand in Hand gehen. Zudem braucht es etwas Glück, denn im Winter bilden sich bereits am Morgen an einem an sich wolkenfreien Tag schnell tiefhängende Wolken. Der Ausblick nach Innsbruck ist unter diesen Umständen nicht möglich.

Der Tiefblick nach Innsbruck von einer der steilen Rinnen am Hafelekar ist jedoch einzigartig. Am Besten platzierst du einen Fahrer etwas vor und unterhalb vom Fotografen und fängst mit einem weitwinkligen Objektiv die Tiefe, Steilheit und den Stadtblick mit ein.

Anreise Öffentliche Verkehrsmittel

Vom Stadtzentrum in Innsbruck (bspw. Haltestelle "Marktplatz") mit dem Bus J Richtung "Nordkette" bis zur Haltestelle "Hungerburg". Alternativ mit der Hungerburgbahn ab "Innsbruck Congress".

Dauer

1,5h, 4km

Aufstieg / Abstieg

5m / 1415hm

Höchster / Tiefster Punkt

2274m / 861m

Start / Ziel

Bergstation Nordkette Hafelekar
(Koordinaten: geogr. 47.311975, 11.383606)

Beste Jahreszeit

Januar bis März

Einkehrmöglichkeiten

Hungerburg

Besondere Gefahren

Keine

Osthang

Die Powder-Madness an der Nordkette bietet auch leicht zu erreichende Hänge. Der Osthang ist nahe an den Pisten gelegen und schnell zu erreichen – der schnelle Powder-Fix für die Tiefschneesüchtigen! Der klassische Quickie dauert nur einige Minuten und lässt sich vielfach wiederholen. Bei sehr guter Schneelage und Ortskenntnis kann auch der steile Wald bis zur Hungerburg abgefahren werden.

Wegbeschreibung

An der Station Seegrube die Liftstation linkerhand verlassen (bzw. vom Sessellift um die Station herumschieben). Weiter die Skipiste am Snowpark-Lift leicht bergab vorbei und am Ende dieser auf den breiten flachen Rücken. Beim queren bereits die mögliche Abfahrtslinie studieren und schließlich leicht und offensichtlich linkerhand in den Osthang direkt auf die Skipiste bergab und zum Einstieg des Sessellifts.
  Alternative: Bei guter Schneelage kann vom Rücken der Skiroute 3 „Tobel" bis zur Hungerburg gefolgt werden. Ortskenntnisse für die Varianten im Wald von Vorteil (Vorsicht: es gibt einige Felsbänder in sehr steilem Gelände).
  Alternative: Von der Bergstation des Snowpark-Lifts kann diese Route von weiter oben eingefahren werden. Auch fahrbar ist das weitläufige Gelände, das am Ausstieg des Snowpark-Lifts startet und bis zur Höttinger Alm führt. Jedoch ist erhöhte Vorsicht geboten. Ein Lawinenabgang endet hier sehr schnell tödlich. Die Rinnen „1, 2, und 3" sind deutlich schwieriger und nur bei guter Schneelage bis zum Fahrweg Höttinger Alm fahrbar. Danach entlang der Fahrstraße zur Variante Tobel queren.

Schwierigkeit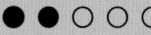

Anreise Öffentliche Verkehrsmittel
Vom Stadtzentrum in Innsbruck (bspw. Haltestelle "Marktplatz") mit dem Bus J Richtung "Nordkette" bis zur Haltestelle "Hungerburg". Alternativ mit der Hungerburgbahn ab "Innsbruck Congress".

Dauer
0,2h, 0,8km

Aufstieg/Abstieg
0m / 245hm

Höchster/Tiefster Punkt
1905m / 1661m

Start/Ziel
Bergstation Seegrube
(Koordinaten: geogr. 47.306299,11.379347)

Beste Jahreszeit
Januar bis März

Einkehrmöglichkeiten
Restaurant Seegrube

Besondere Gefahren
Keine

Axamer Lizum

In den Tiroler Dolomiten.

Axamer Lizum

Das kleine Skigebiet mit dem schwierig auszu-sprechendem Namen Axamer Lizum ist die Perle der Innsbrucker Hausgebiete. Binnen 40 Busmi-nuten steht man in einem Skigebiet, das zwar keine Rekorde gewinnt, aber aufgrund seiner Vielseitigkeit keinen internationalen Vergleich scheuen braucht.

Das Skigebiet Axamer Lizum ist von so vielen Großgebieten umgeben, dass es regelmäßig unterschätzt wird. Im internationalen Vergleich aber steht dieses vielseitige Gebiet den großen Namen in nichts nach.

Das Besondere: So viel Vielfalt und Optionen auf engem Raum findet man wohl nirgendwo sonst so stadtnah. Ob klassisches Pistenskifahren, eine schnelle Powderrunde, spannende Free-ride-Touren oder gar Steilwandabfahrten macht die „Lizn", wie die jungen Innsbrucker sagen, zu einem besonderen Outdoorspielplatz für Jung-gebliebene und Städter, die regelmäßig ihre Outdoor- und Powder-Dosis brauchen. Sind die Varianten in Pistennähe zerfahren, schließt man noch eine Abfahrt zur Kemater Alm an oder steigt in den Hochtennboden auf. Wenn die Verhältnisse besonders günstig sind, lockt die Nockspitze mit ihren mitunter extrem (!) steilen Abfahrtsvarian-ten und Tiefblick in die Stadt.

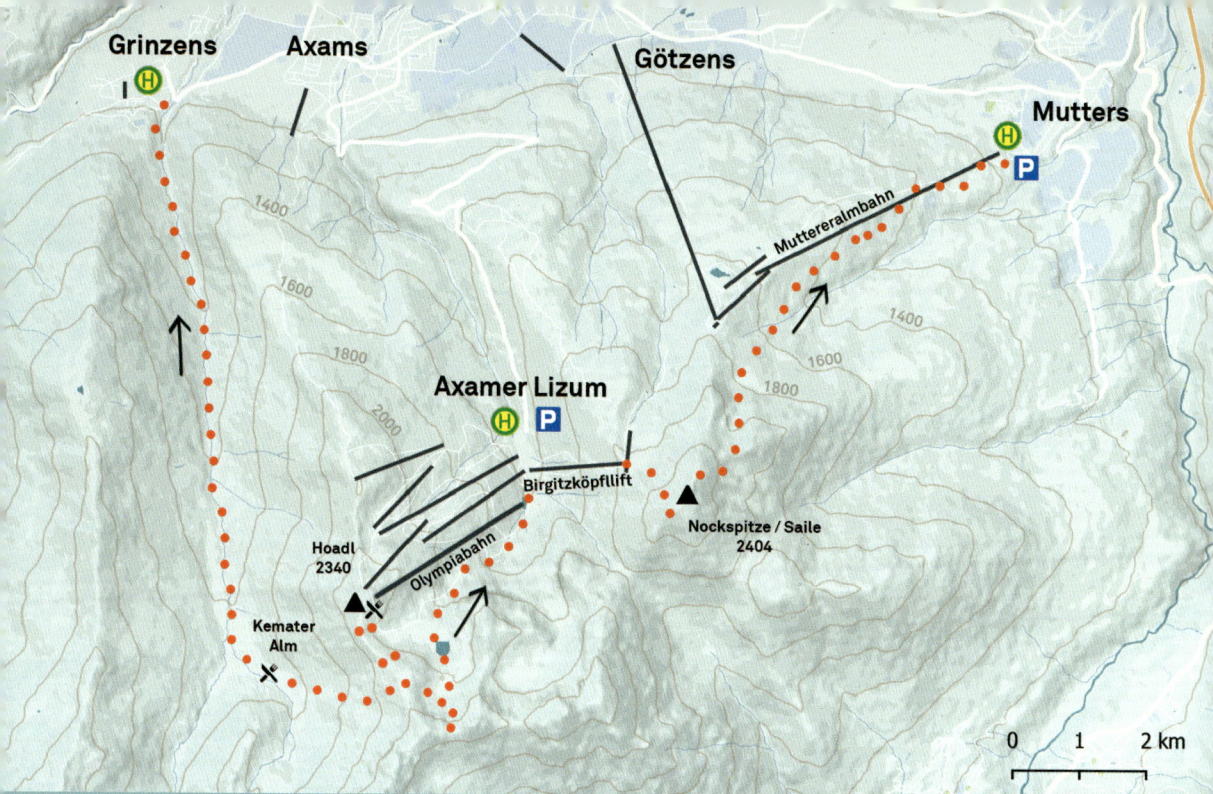

Schwierigkeit ●●●○○

Anreise Öffentliche Verkehrsmittel
Mit dem Bus L1 oder L2 vom Zentrum in Innsbruck bis zur Talstation Axamer Lizum.

Dauer
2,5h, 5km

Aufstieg/Abstieg
370hm / 1125hm

Höchster/Tiefster Punkt
2450m / 1575m

Start/Ziel
Bergstation Axamer Lizum – Hoadl
(Koordinaten: geogr. 47.182742,11.281672)

Einkehrmöglichkeiten
• Hoadl
• Dohlennest
• Axamer Lizum

Freeride

Hochtennboden

Dolomitiges Rinnenspektakel

Die landschaftlich äußerst eindrucksvolle kleine Bergkette der Kalkkögel erinnert nicht nur optisch an die berühmten Dolomiten, sondern auch mit ihren Abfahrten durch steile Rinnen inmitten von imposanten Felsformationen. Während Ampferstein und Widdersberg von Tourengehern geradezu überrannt werden, pilgern die Freerider vom Skigebiet Richtung Hochtennboden. Auch die Verbindung mit dem benachbarten Skigebiet Schlick öffnet viele Optionen.

Wegbeschreibung

Zunächst fährt man von der Bergstation am Hoadl (2340m) einige Höhenmeter auf der Damenabfahrt zum Hoadlsattel (2264m) ab. Dort steigt man schließlich zu Fuß nach Südosten dem Grat entlang. Nach einem kurzen steileren und teilweise felsigen Stück geht es einige Höhenmeter bergab, bevor man nach einer erneuten, kurzen Steigung ein kleines Hochplateau erreicht.

Abfahrt 1

Das Hochplateau schiebend überqueren, bis man zu einem offenen südexponierten Hang gelangt. Der Hang ist nicht allzu steil und nicht besonders groß, jedoch oft eingeblasen. Vor der Abfahrt kann man sich einen guten Überblick über die gegenüberliegenden Rinnen und den weiteren Verlauf der Runde machen.

Aufstieg 2

Im Kessel des Hochtennbodens angekommen, werden die Felle aufgezogen und man beginnt den eigentlichen Aufstieg in Richtung Süden. Es stehen prinzipiell drei nebeneinanderliegende Rinnen zur Auswahl, die schmaleren links und rechts sind oft deutlich steiniger und anspruchsvoller. Der Schnee bleibt hier in der Regel recht lange pulvrig, ist allerdings gerade im oberen Bereich oft windbeeinflusst. Der Aufstieg ist zwar mit zahlreichen Spitzkehren verbunden, aber meist rasch absolviert.

Abfahrt 2

Die Abfahrt erfolgt zunächst entlang der Aufstiegsroute von Aufstieg 2. Man hält sich in der Mulde etwas rechts und steuert weiter auf den Speicherteich zu. Aus Sicherheitsgründen wird empfohlen, skier's right der Lawinenverbauungen zwischen diesen und dem See abzufahren und ein paar Meter flaches Gelände in Kauf zu nehmen. Schließlich bequem zur Damenabfahrt zurück queren und dieser zur Talstation der Axamer Lizum folgen.

Kemater Alm / Senderstal

Die ruhige Plaisirrunde
Die ruhige Plaisirrunde ist die lohnende und weniger befahrene Variante mit größerem logistischem Aufwand, die bei ausreichend Schnee bis ins Tal bei Grinzens eine echte Genusstour ist. Eine insgesamt schöne Abfahrt in ein ruhiges Tal. Der Rückweg zieht sich allerdings, je nach Busfahrplan, etwas in die Länge. Es bietet sich an, nach der Abfahrt noch eine Skitour anzuschließen oder auf der Kemater Alm Ruhe und Sonne zu genießen.

Wegbeschreibung
Vom Hoadl der Piste entlang zum Hoadlsattel. Hier – man kann nach Belieben noch eine Weile nach links oder rechts queren bzw. aufsteigen – nach Westen in den gemäßigt steilen Hang Richtung Kemater Alm abfahren. Das Gelände ist weitläufig und bietet viele Möglichkeiten. Einige Varianten allerdings enden im sehr steilen und dichten Wald bzw. Gestrüpp. Daher ist es besser, den offensichtlichen Rinnen zur sichtbaren Kemater Alm zu folgen. Im Talgrund angekommen, folgt man der Rodelbahn, die von der Kemater Alm bis Grinzens führt, nach Norden. In Grinzens folgt man der Straße weiter und kommt mit Ski bei guter Schneelage bis fast zur Bushaltestelle, von wo man den Bus nach Axams und von dort den Bus in die Axamer Lizum nehmen kann.

Fototipps
Das fotografische Highlight in der Axamer Lizum sind die spitzen Kalkkögelfelsen. Sie bestimmen das Bild und lassen jeden, der das erste Mal am Hoadl aussteigt, die Kamera zücken. In der Variante Hochtennboden lassen sich besonders eindrucksvolle Freeridebilder schießen. Ob im Hang oder als Gegenhangperspektive – hier wirkt schlechtes Wetter und Nebelstimmung ebenso eindrucksvoll wie das erste Streiflicht im März.

Schwierigkeit

Anreise Öffentliche Verkehrsmittel
Mit dem Bus L1 oder L2 vom Zentrum in Innsbruck bis zur Talstation Axamer Lizum.

Dauer
2,5h, 9km

Aufstieg/Abstieg
20hm / 1460hm

Höchster/Tiefster Punkt
2340m / 960m

Start/Ziel
Bergstation Axamer Lizum – Hoadl
(Koordinaten: geogr. 47.182742,11.281672)

Beste Jahreszeit
Januar bis Februar

Einkehrmöglichkeiten
• Hoadl
• Kemater Alm

Besondere Gefahren
Keine

Anreise Öffentliche Verkehrsmittel
Mit dem Bus L1 oder L2 vom Zentrum in
Innsbruck bis zur Talstation Axamer Lizum.

Dauer
3,5h, 7km

Aufstieg/Abstieg
400hm/1500hm

Höchster/Tiefster Punkt
2404m/945m

Start/Ziel
Bergstation Birgitzköpfllift
(Koordinaten: geogr. 47.194685,11.316540)

Einkehrmöglichkeiten
• Hoadl
• Birkitzköpfl-Hütte
• Mutterer Alm, Mutters

Tipps
Harscheisen für den Aufstieg über die Maier-
Rinne empfehlenswert.

Nockspitze (Saile) Nordost

Steilwandabfahrt mit Stadtblick

Nockspitze oder Saile – die Namensgebung wird
mitunter heiß diskutiert und verschiedene Argu-
mente angeführt – der markante Berg im Südwesten Innsbrucks ist einer der Panoramaberge
in der Nähe von Innsbruck. Doch nicht nur wegen
der gewaltigen Aussicht lohnt der Aufstieg. Auch
die Abfahrten können sich durchaus sehen lassen! Der Gipfel ist daher auch gut besucht. Die
meisten Tourengeher kommen allerdings vom
Tal, während der Freerider die Hälfte des Aufstiegs mit dem Lift zurücklegt.

Der nicht einfache Aufstieg über die Maier-
Rinne ist nur die erste Hürde für diese Steilwandabfahrt. Sehr gute Bedingungen und
ausreichend Schnee sowie gutes Timing sind
notwendig.

Wegbeschreibung Aufstieg

Den Aufstieg zur Nockspitze beginnt man an
der Bergstation des Birgitzköpfl-Sesselliftes (2035m). Man quert direkt vom Lift ein Stück in
Richtung Nord, um zur beliebten, breiten Rinne
("Maier-Rinne") zu gelangen. Hier nun mit vielen Spitzkehren nach Südwesten aufsteigen.
Am Ende der Rinne anschließend dem breiten
Rücken zum Gipfel der Nockspitze (2404m)
unschwierig bergauf folgen. Tipp: Hier ist es oft
vereist, Harscheisen sind sinnvoll.

Alternativer Aufstieg: Vom Birgitzköpfl-Lift dem
Sommerweg Richtung Nockspitze folgen, hierzu
die Nockspitze ein Stück weit ansteigend umrun-
den und nach den Lawinenverbauungen Richtung Norden zum Gipfel aufsteigen. Der Schnee
ist hier oft stark vom Wind zu beeinflussen. Bei
passenden Bedingungen empfiehlt sich der Aufstieg über die Maier-Rinne.

Abfahrt

Vom Gipfelkreuz den Grat Richtung Norden abrutschen/abfahren und auf das vorgelagerte Gipfelkreuz (2379m) und Innenstadt. Im Sattel in den Nordhang einige Meter einqueren und schließlich eine der nordostseitige Rinnen (kurze Stellen bis 50°) abfahren. Nach den Rinnen unmittelbar nach skier's left zum Sattel auf ca. 2200m queren. Hier nun eine geeignete Einfahrt für den großen Genuss-Steilhang finden (ca. 40°). Am Ende des Hangs im lichten Wald tendenziell etwas skier's left halten und im Wald spätestens dem zweiten Forstweg nach links folgen. Nach wenigen Stockschüben erreicht man die Rodelpiste des Skigebiets Mutterer Alm. Diesem bis zur Skipiste und dieser wiederum bis zur Talstation der Bergbahnen folgen. Zurück mit dem Bus oder nach etwa 400m Fußweg aus Mutters mit der Straßenbahn nach Innsbruck Zentrum.

Varianten

Sind die Bedingungen in der Nordostabfahrt nicht ideal, gibt es weitere Optionen: Zurück über die Maier-Rinne oder als Frühjahrsklassiker über das Leintuch Richtung Osten.

Stubaier Gletscher

Stadtnaher hochalpiner
Powderspot.

Stubaier Gletscher

Nicht ganz so viel Neuschnee rund um Innsbruck und powderhungrig? Dann lohnt sich ein Blick auf den höher gelegenen Hausgletscher der Innsbrucker, der Stubaier Gletscher.

Etwa eine halbe Stunde Autofahrt vom Stadtzentrum und eine Liftfahrt entfernt, schafft man es, binnen einer Stunde auf über 3000 Metern im (nicht mehr) ewigen Eis zu stehen. Insbesondere bei südseitiger Wetterströmung bekommt der Stubaier Gletscher mehr Schnee ab als die Gebiete rund um Innsbruck. Auch in der Spätsaison ist der Stubaier Gletscher immer wieder für einen Frühjahrs-Powdertag gut.

Das Gelände ist tendenziell recht flach und bietet viele offene Gletscherhänge. Auch einige kurze, steile Varianten machen den Stubaier Gletscher abwechslungsreich. Die Möglichkeiten sind zum großen Teil recht gut von den Liften einzusehen und häufig befahren. Ist die Schneedecke im Herbst noch dünn, drängt sich zwar zunächst alles auf schmalen Skipisten. Später im Frühling locken viele Möglichkeiten für abwechslungsreiche Skitouren und Skihochtouren. Schönes Wetter ist hier weit oberhalb der Baumgrenze jedoch Vorrausetzung für einen gelungenen Freeridetag.

Achtung: Gletscher mit Gletscherspalten, teils unmittelbar neben den Skipisten!

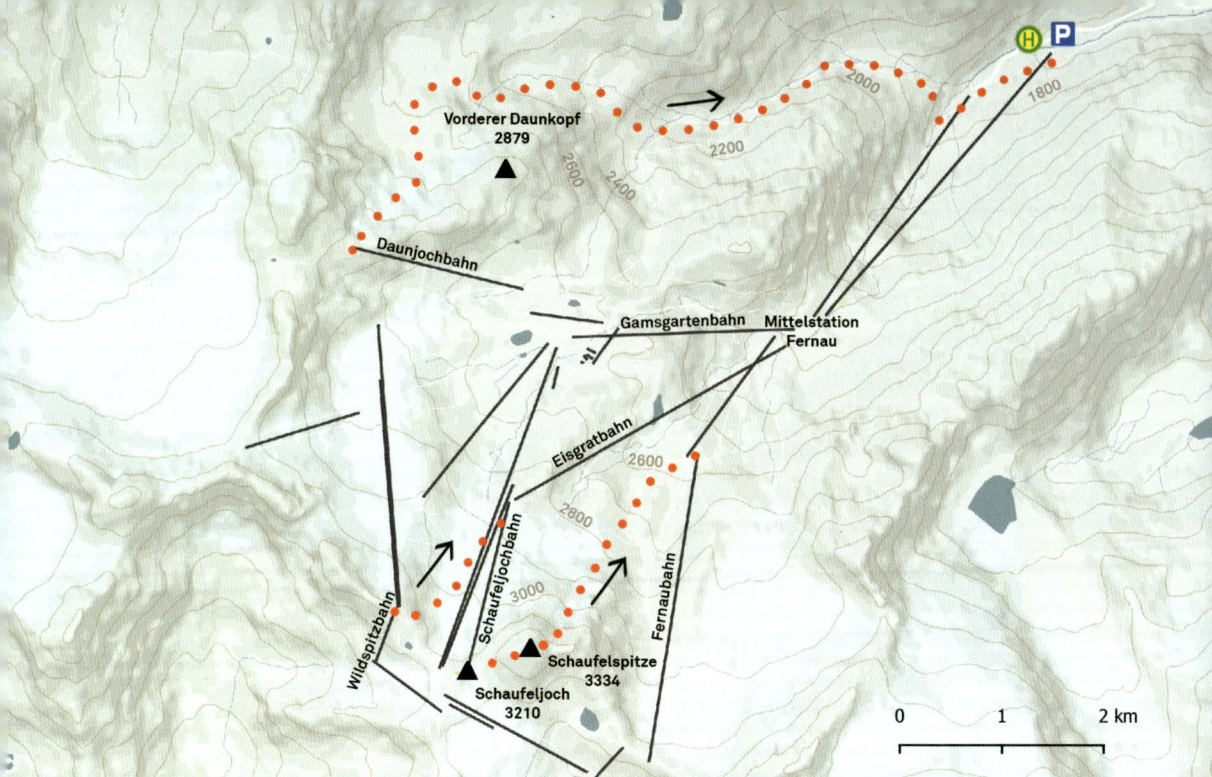

Schwierigkeit ● ● ● ● ○

Anreise Öffentliche Verkehrsmittel
Mit dem Bus 590 von Innsbruck bis zur Talstation der Stubaier Gletscherbahnen, Haltestelle "Neustift Eisgratbahn".

Dauer
0,5h, 1,2km

Aufstieg/Abstieg
0hm / 330hm

Höchster/Tiefster Punkt
3210m / 2880m

Start/Ziel
Wildspitzlift Bergstation
(Koordinaten: geogr. 46.980626,11.104423)

Einkehrmöglichkeiten
• Bergstation Gamsgarten
• Bergstation Eisgrat

Beste Jahreszeit
Dezember bis April

Freeride

Swarovski

Der kurze, aber knackige Steilhang mitten im Skigebiet trägt bei Freeridern der alten Schule den Namen „Swarovski" – wie der bekannte Mode- und Optikhersteller aus dem Inntal. Der kleine glitzernde Diamant ist der show-off-run. Hier kann man sich als Freerider beweisen oder – wie die Glasperlen aus dem Inntal – sicherlich auch etwas blenden. Der Hang ist kurz und so ein guter Einstiegs-Übungshang für längere, steile Abfahrten, die Freerider besonders reizen. Ein Sturz hier hat sicherlich weit weniger Konsequenzen als in echten Steilhängen. Der Hang ist weniger stark frequentiert als man vermuten würde, die Zuschauergarantie von den Liften aus ist indes gewiss.

Wegbeschreibung
Von der Gipfelstation des Wildspitz-Zweiersessellifts direkt nach rechts bzw. östlich die Piste verlassen und mit wenigen Schwüngen in Richtung Süden zum Einstieg der oben schmalen und sehr steilen Rinne. Es gibt zwei Einstiege: der südliche davon ist selten fahrbar, der nördlichere einfacher und klarer. Einen Einblick in die Route erhält man von der Eisjochferner Skipiste bzw. den Liften.

Hinweis
Die Abfahrt wird vom Skigebiet als „The Wildspitz" vermarktet.

Schaufelspitze

Der höchste Berg im Stubaier Gletscherski-gebiet ragt als formschöne Felspyramide aus der Brandung der oft überfüllten Skipisten heraus. Bei guter Schneelage bietet die Nordseite der Schaufelspitze eine anspruchsvolle, wenn auch relativ kurze Steilwandabfahrt mit Zuschauergarantie.

Wegbeschreibung Aufstieg

Ausgangspunkt ist die Bergstation der Schaufeljochbahn (3210m). Der Aufstieg beginnt bei der neu errichteten Kapelle. Von hier wenige Meter Richtung Nordosten bis zum Hangfuß der Südseite an geeignet erscheinender Stelle (abhängig von der Schneelage) aufsteigen oder über den Südwestgrat zu Fuß bis zum Gipfelkreuz (3333m). Steigeisen sind empfehlenswert.

Abfahrt

Direkt vom Gipfelkreuz geht es extrem (!) steil (knapp 50°) über eine kurze, enge Rinne in die Nordostflanke der Schaufelspitze. Je nach Bedingungen muss hier abgerutscht oder sogar abgeseilt werden. Sobald sich die Flanke öffnet, den extrem steilen Nordosthang Richtung Osten queren und in die große Rinne nach Norden am östlichen Rand des Kessels einfahren. Nach der Rinne flacht es schnell ab und man hält sich etwas rider's right der Hangmitte. Schließlich fährt man nach Nordosten bzw. Osten bis man eine der Skipisten erreicht, die alle zur Mittelstation Fernau (2300m) führen.

Tipp

Sollten die Schneebedingungen nicht passen, kann etwas leichter über die Süd- und Ostflanke zurück ins Skigebiet abgefahren werden.
  Schneebedingungen im oberen extrem (!) steilen Hang am besten aus der Eisgrat-Gondel beobachten.

Schwierigkeit ● ● ● ● ●

Anreise Öffentliche Verkehrsmittel
Mit dem Bus 590 von Innsbruck bis zur Talstation der Stubaier Gletscherbahnen, Haltestelle "Neustift Eisgratbahn".

Dauer
2h, 2,5km

Aufstieg/Abstieg
150m/730hm

Höchster/Tiefster Punkt
3333m/2600m

Start/Ziel
Schaufeljochbahn Bergstation
(Koordinaten: geogr. 46.977083,11.110965)

Beste Jahreszeit
März bis Mai

Einkehrmöglichkeiten
• Hoadl
• Kemater Alm

Besondere Gefahren
Absturzgefahr im oberen Steilhang, Gletscherspalten! Steigeisen, Eispickel und Kletterausrüstung empfehlenswert.

Schaufelspitze

Glamer Grube

Der neu erschlossene Daunkopf bietet Free-ridern die neue Möglichkeit der Abfahrt in die Glamer Grube. Früher war dies eine begehrte Skitourenabfahrt in Skigebietsnähe. Heute ist sie mit wenigen Schritten unmittelbar vom Lift erreichbar. Nach kurzem, knackigem Einstieg öffnet sich die Grube und präsentiert wunder-bares Plaisir-Gelände. Über die Skipiste bzw. Skiroute Wilde Gruabn geht es zurück zur Tal-station und zur nächsten Runde.

Wegbeschreibung

Von der Bergstation des Daunjoch-Lifts direkt nach dem Ausstieg eine handvoll Meter auf den Bergrücken aufsteigen. Hier hat man einen guten Überblick über den ersten Teil der Abfahrt in die Glamer Grube. Nach kurzem, steilem Ein-stieg öffnet sich der weite Kessel und präsen-tiert genussreiche Variationen. Je weiter östlich man sich hält, desto steiler ist das Gelände. Im weiteren Verlauf umrundet man den Vorderen Daunkopf nördlich, indem man in der Glamer Grube in flacherem Gelände nach Osten abfährt. Vorsicht bei geringer Schneelage vor den diver-sen Bachläufen.

  Nach der Glamer Grube steilt sich das Gelände kurz noch einmal etwas auf, bevor man die „Wilde Grube", also die Talabfahrt bzw. „Skiroute" des Gletscherskigebietes erreicht. Ihr folgt man zurück zur Talstation an der Mutterbergalm.

Schwierigkeit ● ● ○ ○ ○

Anreise Öffentliche Verkehrsmittel
Mit dem Bus 590 von Innsbruck bis zur Talsta-tion der Stubaier Gletscherbahnen, Haltestelle "Neustift Eisgratbahn".

Dauer
1h, 6,5km

Aufstieg/Abstieg
5hm/1300hm

Höchster/Tiefster Punkt
2990m/1690m

Start/Ziel
Daunjochlift Bergstation
(Koordinaten: geogr. 47.001666,11.100698)

Beste Jahreszeit
Dezember bis April

Einkehrmöglichkeiten
• Hoadl
• Kemater Alm

Besondere Gefahren
Keine

Glamergrube

Hochfügen

Heimat der Piefke-Saga
und Powderjäger.

Hochfügen

Hochfügen

Berge aus Plastik, mechanische Kühe, chirurgisch genormte Roboterbauern. Willkommen im Zillertal des vierteiligen Fernsehfilms „Die Piefke-Saga". Der Autor dieser Serie, Felix Mitterer, entwirft ein Zillertal, in dem es um Vorurteile zwischen den Piefkes (Deutschen) und Tirolern geht. Am Ende der Serie stellt die Berliner Urlauberfamilie Sattmann fest, dass die einheimischen Tiroler Klone sind, ihr Bergidyll auf einem Müllberg gebaut ist und das Wetter auf Bestellung kommt.

Entgegen der satirischen Überspitzung ist die Realität im „Piefke-Tal" zumindest teilweise erfreulicher: Viel Neuschnee, bequeme Skigebiete und ein abwechslungsreiches Angebot für Variantenfahrer.

Hochfügen hat sich von einem Geheimtipp zur Freeride-Hochburg gemausert. Wenn die Strömungsrichtung stimmt, erhält die Region viel Niederschlag.Und wem nach dem Genuss der diversen Freeride-Routen der Sinn nach deftigem Après-Ski steht, der findet, wie die Berliner Piefke-Urlauberfamilie Sattmann, ganz sicher in einer der vielen Bars die Möglichkeit, exzessiv zu feiern. Denn Vorurteile haben manchmal einen gewissen Wahrheitsgehalt.

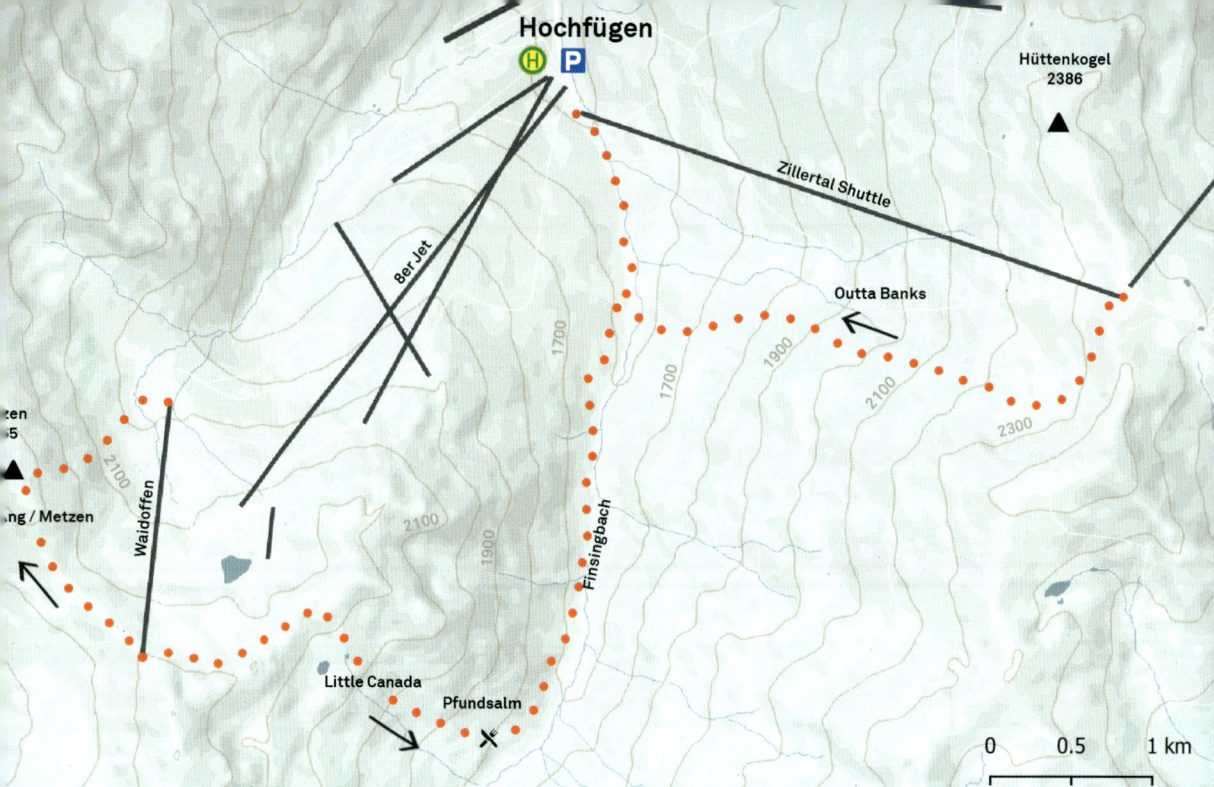

Schwierigkeit ● ● ○ ○ ○

Anreise Öffentliche Verkehrsmittel
Mit dem Zug von Innsbruck nach Jenbach. Dort umsteigen in die Zillertalbahn und mit dieser bis zum Bahnhof Kaltenbach. In wenigen Minuten zu Fuß zur Talstation.

Dauer
1h, 3,5km

Aufstieg/Abstieg
10hm / 900hm

Höchster/Tiefster Punkt
2385m / 1490m

Start/Ziel
Hochfügen Zillertal Shuttle
(Koordinaten: geogr. 47.257058,11.80733447.2 57058,11.807334)

Beste Jahreszeit
Januar bis März

Einkehrmöglichkeiten
Hochfügen

Outta Banks

Diese Abfahrt ist neben dem Superbowl / Little Canada der Hauptgrund für Hochfügens guten Ruf in Freerider-Kreisen. Die westorientierten Hänge unterhalb des Marchkopfs sind mäßig steil und verführen zum Vollgas geben. Auch Einsteiger wagen sich hier abseits der Pisten.

Wegbeschreibung

Ausgangspunkt für die Outta Banks-Variante ist die Bergstation des Zillertal-Shuttles. Man quert unmittelbar an der Bergstation unter der Gondel durch und möglichst ohne Höhenverlust noch etwa 750m weiter, bis man freie Hänge unter sich hat. Nun geht es ins Tal hinunter. Zunächst über waldfreies, weitläufiges Gelände, führt die Route später durch Bäume ins Tal. Im Tal überquert man einen kleinen Bach, entweder mit einem beherzten Sprung oder mit Hilfe der kleinen Brücke (Vorsicht: wer zu weit nördlich der Brücke rauskommt, muss nervig durch den Wald queren, oder läuft je nach Schneelage Gefahr auf nasse Schuhe). Auf der anderen Seite des Bachs steigt man etwa 10 Höhenmeter zur Rodelbahn auf, die zurück zur Talstation des Zillertal-Shuttles führt (Achtung: Rodler und Winterwanderer!).

Fototipps

Hochfügen ist tendenziell nach Nordosten gerichtet, bietet aber leicht zugängliche Abfahrten in allen Expositionen. Auch hier ist gute zeitliche Planung für herausragende Bilder von Vorteil. Gebietskenntnis dazu hilft immer.

Bei Neuschnee kann man von der Skipiste mit einem langen Teleobjektiv die Freerider am Osthang / Metzen gefahrlos ablichten. Vormittags steht das Licht oft im Little Canada gut, ab Mittag kommt langsam mehr Licht in die Varianten in der Abfahrt Outta Banks. Hier lassen sich schöne Licht / Schatten- Kontraste einfangen.

Osthang / Metzen

Der bekannteste Freeridehang des Zillertals dürfte wohl der Osthang am Metzen sein. Im östlich geneigten Steilhang messen sich die Freeride-Profis und solche, die auf dem Weg dorthin sind: in steilen Rinnen und springend über hohe Felsbänder zeigen sie, was sie können. Weiter in Liftnähe lockt das deutlich flachere und besser einsehbare pistennahe Gelände auch Einsteiger und fortgeschrittene Fahrer. Hier liegt nach Schneefall im Nordstau oft viel Schnee, und vielleicht gerade deshalb lohnt es sich hier, besonders früh nach Liftöffnung das weiße Gold zu zerfahren.

Wegbeschreibung

Von der Bergstation am Pfaffenbühel („Waidoffen" Lift) vom Ausstieg direkt nach Norden queren und den Bergrücken entlang mit etwas auf und ab folgen. Schließlich in einer Mulde die Ski tragen und bergauf zum Metzen. Nach etwa 15 Minuten ist man oben angekommen und fährt von hier ostseitig in den Hang ein. Seine Abfahrtslinie sollte man sich vorab sehr gut eingeprägt haben, der Hang ist konkav geneigt und von oben nur sehr schwer einsehbar. Links und rechts des Steilhangs sind einfachere Varianten möglich, dazwischen warten einige Felsbänder, die für erfahrene Freerider aber mehr ein Spielplatz, denn ein echtes Hindernis sind..

Schwierigkeit ● ● ● ● ○

Anreise Öffentliche Verkehrsmittel

Mit dem Zug von Innsbruck nach Jenbach. Dort umsteigen in die Zillertalbahn und mit dieser bis zum Bahnhof Kaltenbach. In wenigen Minuten zu Fuß zur Talstation.

Dauer

1h, 2km

Aufstieg / Abstieg

100hm / 420hm

Höchster / Tiefster Punkt

2345m / 1985m

Start / Ziel

Hochfügen Pfaffenbühel Lift „Waidoffen" (Koordinaten: geogr. 47.243868, 11.753166)

Beste Jahreszeit

Januar bis März

Einkehrmöglichkeiten

Hochfügen

Tipp

Die Abfahrtsrouten sind hervorragend bei der Liftfahrt einsehbar, die Geländeformationen gut einprägen, da die Routenfindung unübersichtlich ist.

Besondere Gefahren

Absturzgefahr!

Little Canada / Superbowl

Superbowl oder auch Little Canada heißt die zweitbekannteste Freeride-Abfahrt im Zillertal. Der weitläufige Kessel ist ein perfekter Freeride-Hang: Leicht erreichbar, aber doch ein paar Schritte zu gehen. Das hält die meisten Pistenskifahrer ab. Viele Felsen laden zum Springen ein. Zum Schluss führt bequem ein Ziehweg direkt zurück zum Lift.

Die Namensgebung der Abfahrt ist etwas umstritten. Einige benennen den gesamten Hang Superbowl, einige haben spezifische Begriffe für die möglichen Varianten. Die hier beschriebene wird oft als „Little Canada" bezeichnet. Der Name soll die Ähnlichkeit zu eher entspanntem, weitläufigen und wenig steilem kanadischen Heli-Ski-Gelände widerspiegeln. Prinzipiell sind nach der Querung verschieden Abfahrten möglich.

Wegbeschreibung

Startpunkt für Little Canada / Superbowl ist die Bergstation am Pfaffenbühel („Waidoffen" Lift). Von hier in Richtung Osten durch die Lawinenverbauungen höhengleich mit etwas Auf und Ab queren, bis man auf einen Rücken trifft. Nun geht es zur eigentlichen Abfahrt. Kurz Richtung Süden und nach einer Mulde sogleich östlich weiter bis auf die Höhe der Pfundsalm (1832m). Erreicht man die Almen, quert man auf einem Weg ein paar Meter oberhalb des Talbodens und folgt später an einer Almsiedlung der Rodelbahn zurück zur Talstation Hochfügen. Bitte auf Spaziergänger und Rodler Rücksicht nehmen.

Schwierigkeit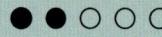

Anreise Öffentliche Verkehrsmittel

Mit dem Zug von Innsbruck nach Jenbach. Dort umsteigen in die Zillertalbahn und mit dieser bis zum Bahnhof Kaltenbach. In wenigen Minuten zu Fuß zur Talstation.

Dauer
1h, 5km

Aufstieg / Abstieg
15hm / 840hm

Höchster / Tiefster Punkt
2310m / 1480m

Start / Ziel
Hochfügen Pfaffenbühel Lift „Waidoffen" (Koordinaten: geogr. 47.243868, 11.753166)

Beste Jahreszeit
Januar bis März

Einkehrmöglichkeiten
Hochfügen

Tipp
Die Querung ist für Skifahrer recht zügig bewältigt, Snowboarder haben es etwas schwerer.

Besondere Gefahren
Obwohl die Variante an sich sehr einfach erscheint und viel befahren wird, birgt vor allem die Querung am Anfang durch den Hang mit den Lawinenverbauungen ein erhöhtes Lawinenrisiko.

SKITOUR

„Rassige Schwünge in schnee-
weißem Landschaftsgenuss."

Wetterkreuzkogel

Einfache Genusstour im wunderschönen Tal.

Die Schneekristalle glitzern in der Morgensonne, der alte Bergwald ist schneebedeckt. Die Luft ist klar und ruhig. Kein Lift rattert. Nur das sanfte Schleifen der Skitourenfelle auf der frischen Schneedecke ist zu hören. Die Skitour auf den Wetterkreuzkogel ist eine Paradetour und auch anfängertauglich. Das lange Wörgetal bietet gute Möglichkeiten, die Natur zu genießen und unverbaute Landschaften zu genießen.

Obwohl die Tour leicht zugänglich ist, geht es hier recht ruhig zu. Die meisten Einsteiger und fortgeschrittenen Skitourengeher bleiben auf der Ostseite des Sellrain-Tals und gehen eher auf den schneller zu erreichenden Zischgeles oder auf den Skitourenlehrpfad an der Lampsenspitze. Die Tour auf den Wetterkreuzkogel biete sich daher für Ruhe suchende Naturliebhaber an.

Schwierige Abfahrtsalternativen sind mit wenigen Schritten vom Gipfel des Wetterkreuzkogels erreichbar und können dieser an sich einfachen Tour bei entsprechendem Gusto die entsprechende Würze verleihen.

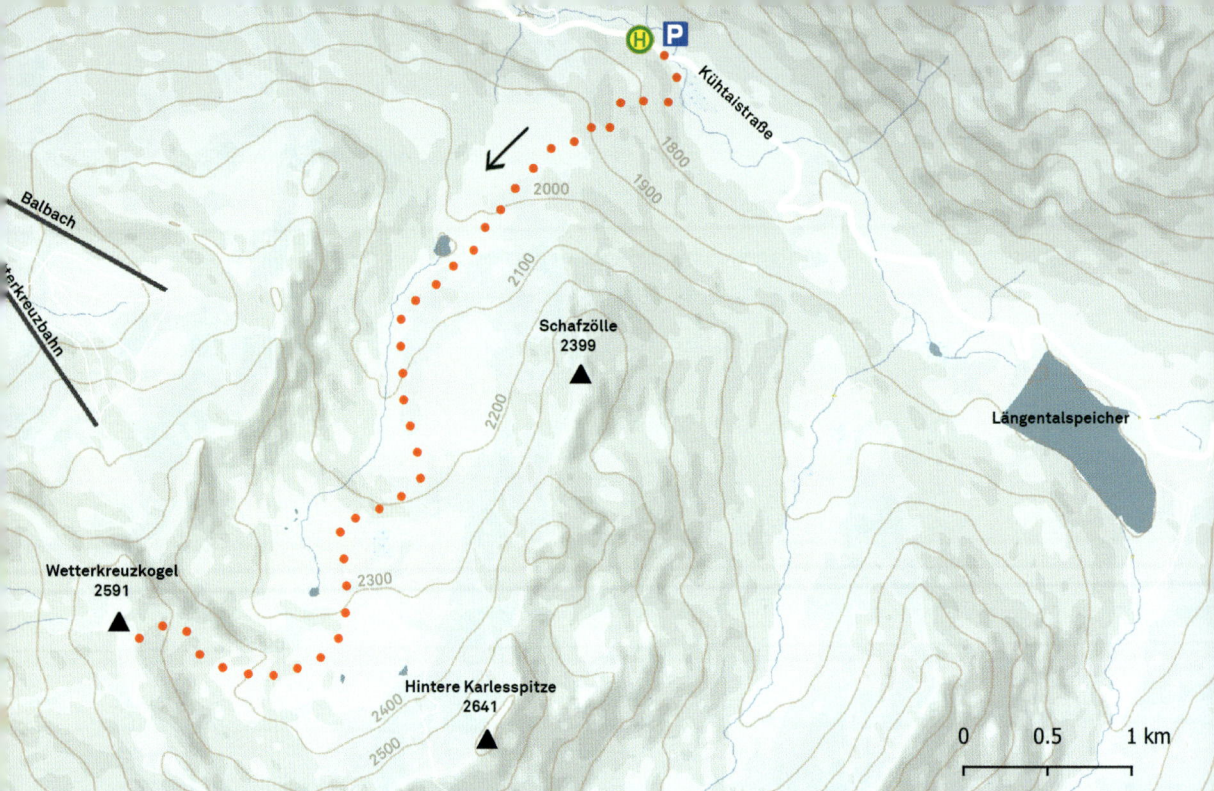

Schwierigkeit ● ○ ○ ○ ○

Anreise Öffentliche Verkehrsmittel
Mit dem Bus 4166 bis zur Haltestelle "Kühtai Ort" bzw. "Busterminal" und dort umsteigen in die Linie 4196 bis zur Haltestelle "Issbrücke".

Dauer
4h, 9km

Aufstieg/Abstieg
850hm / 850hm

Höchster / tiefster Punkt
2591m / 1735m

Start/Ziel
Bushaltestelle / Parkplatz unterhalb des Stausees (Koordinaten: geogr. 47.224405, 10.978847)

Beste Jahreszeit
Januar bis April

Einkehrmöglichkeiten
Keine

Tipps
Harscheisen für den Einstieg im Wald für Einsteiger empfehlenswert.

Besondere Gefahren
Keine

Wegbeschreibung

Startpunkt ist der Parkplatz unterhalb des Stausees von Kühtai auf der rechten Seite bei einer Bushaltestelle / kleinen Brücke (Haltestelle Issbrücke). Der Aufstieg führt zunächst durch den Bergwald entlang des Sommerweges bis zur Lichtung der Oberen Iss Alm (1930m). Links entlang dem flachen Wörgetal folgen. Am Ende des Tales in einer langgezogenen Rechtskurve auf einen Rücken zu schwenken. Es wird nun zunehmend steiler, bis schließlich das Gipfelplateau des Wetterkreuzkogels (2591m) erreicht wird.

Tipps: Die gesamte Tour ist wenig steil und auch für Anfänger geeignet. Skifahren sollte man dennoch können. Der Einstieg im Wald kann teilweise etwas vereist sein und ist die schwierigste Stelle der Tour.

Die Abfahrt erfolgt dem Aufstiegsweg entlang. Wer es etwas steiler mag, sieht alle Möglichkeiten bereits beim Aufstieg und entdeckt diese am besten auf eigene Faust.

Fototipps

Eine der schönsten Fotostellen ist vor dem größeren Aufschwung am Ende des langen, flachen Talwegs. Außerdem bieten einige Nordhänge gute Streiflicht-Optionen.

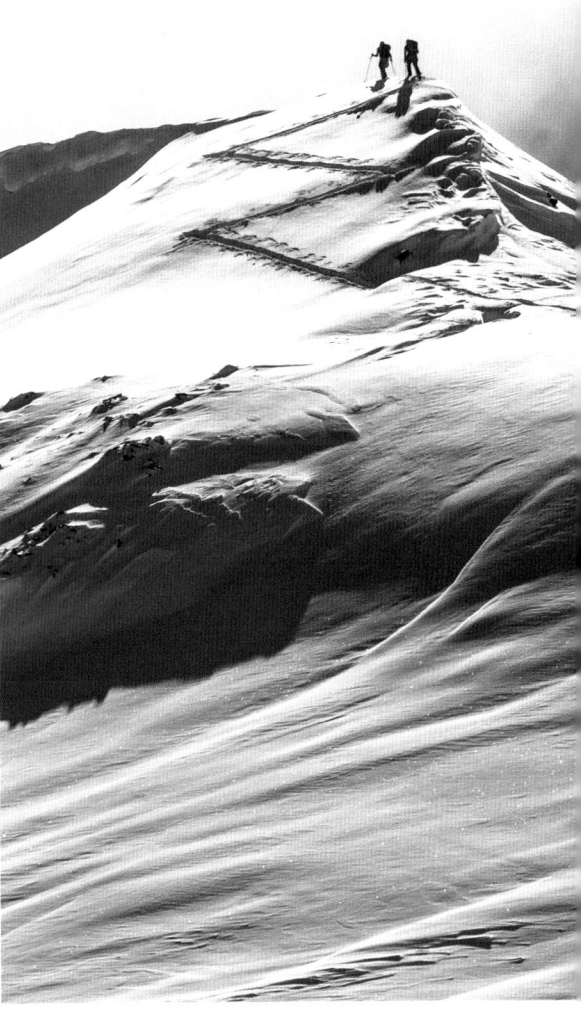

Kleine Karwendeldurchquerung

Von der Freeride-City ins Halltal.

Direkt von der Alpenmetropole und hoch hinaus führt die relativ abgeschiedene, lange Freeride-Tour quer durch das Karwendelgebirge ins Halltal. Bei mehreren kurzen Aufstiegen und abwechslungsreichen Abfahrten ist das Training im Auf- und Abfellen inklusive.

Diese fotogene und gleichsam anspruchsvolle Tour von der Nordkette bis ins Halltal wird gerne auch als "Kleine Karwendeldurchquerung" oder im Dialekt „Karwendelreibn" bezeichnet, wenngleich sie sich doch großteils noch im erweiterten Stadtgebiet von Innsbruck befindet.

Map labels:

Pfeisalm

Stempeljoch
2215

Mandlscharte
2366

Rumer Spitze
2454

...elekarspitze
2334

Halltal

...afelekarbahn

Nordkettenbahn

Hungerburg

Absam

2200
1800
1400
2200
1600
1200

0   1   2 km

Schwierigkeit ● ● ● ○ ○

Anreise Öffentliche Verkehrsmittel
Vom Stadtzentrum in Innsbruck (bspw. Haltestelle "Marktplatz") mit dem Bus J Richtung
"Nordkette" bis zur Haltestelle "Hungerburg".
Alternativ mit der Hungerburgbahn ab "Innsbruck Congress". Zurück geht es mit dem Bus
503 von der Haltestelle "Eichat Bettelwurfsiedlung" bis "Innsbruck Marktplatz".

Dauer
ca. 6,5h, 15km

Aufstieg/Abstieg
760m / 2.250m

Höchster/Tiefster Punkt
2320m / 750m

Start/Ziel
Bergstation Nordkettenbahn Hafelekar
(Koordinaten: geogr.47.311928,11.383748)

Beste Jahreszeit
Januar bis März

Tipps
Einzelfahrkarte bis zum Hafelekar erhältlich.

Besondere Gefahren
Günstige Verhältnisse notwendig, vor allem im
Anstieg zu Mandlscharte / Gleirschtaler Brandjoch. Vorsicht im Frühjahr vor Nassschneelawi-
nen im Halltal von den südexponierten Hängen!

Skitour

Wegbeschreibung Aufstieg I

Im Innsbrucker „Hausskigebiet" Nordpark nimmt man die beiden Gondeln hinauf zur Bergstation Hafelekar. Dort schultert man zunächst die Ski und steigt in wenigen Minuten nach NNO zur Hafelekarspitze (2334m) auf.

Abfahrt I

Vom Gipfel der Hafelekarspitze fährt man kurz nach Osten zu einer kleinen Scharte ab. Von hier führen mehrere kurze Rinnen nach Norden in ein großes Kar. Diesem folgt man weiter nach Norden – bis man die Kette der Gleirschzähne passiert hat, die sich zur Rechten erheben.

Aufstieg II

Auf etwa 1800m heißt es erneut auffellen und nach Osten aufsteigen. Man kann entweder die Mandlscharte (2366m) oder das Gleirschtaler Brandjoch (2370m) als nächste Etappe wählen, wobei letzteres die etwas steilere und längere Variante ist. Beide Anstiege verlaufen relativ direkt und sind kaum zu verfehlen.

Abfahrt II

Sowohl von der Mandlscharte als auch vom Gleirschtaler Brandjoch wird direkt auf der Gegenseite abgefahren. Von der Mandlscharte hält man sich etwas mehr nach Nordosten, vom Gleirschtaler Brandjoch eher nach Osten. In beiden Fällen erreicht man die kupierte Hochebene der Pfeisalm (ca. 1950m).

Aufstieg III

Nach erneutem Auffellen geht es flach und zum Schluss etwas steiler werdend in östlicher Richtung an der beeindruckenden Rumer Spitze vorbei zum Stempeljoch (2215m).

Abfahrt III

Durch einen schmalen Durchgang steigt man zunächst zu Fuß einige Höhenmeter ab, bevor

man den weitläufigen nordöstlichen Hang Richtung Issanger abfahren kann. Dort geht es noch eine Weile flach am Talboden weiter nach Osten, bevor sich halbrechts ein Forstweg hinaufzieht (nicht verpassen!). Diesem folgend muss man noch einmal etwa zehn Minuten aufsteigen (Felle aufziehen lohnt hier nur bei tiefem Schnee), bevor man zunächst dem Forstweg, dann einer Rodelbahn zum Talausgang folgt.

Von dort sind es zu Fuß etwa 200m zur Bushaltestelle „Bettelwurfsiedlung".

Variante

Als deutlich kürzere Variante mit Rückkehr zum Nordpark kann man von der Mandlscharte auch in die große, südseitige Arzler Scharte einfahren (Vorsicht im Frühjahr: für Firn muss man hier sehr früh abfahren). Der Arzler Scharte bergab folgen bis man auf etwa 1200m auf einen Forstweg trifft. Diesem folgt man zunächst zur Arzler Alm und von dort zurück zur Talstation der Nordkettenbahnen an der Hungerburg.

Tipp

Buch: "PowderGuide Tirol: Die besten Freeride-Touren" (Rieg, Schwager, Hartl, Tyrolia Verlag, 2.Auflage).

Nockspitze / Saile

Panorama-Gipfeltour mit vielseitigen Möglichkeiten.

Die Nockspitze / Saile ist einer der Panoramaberge in der Nähe von Innsbruck. Die Namensgebung für diesen Berg ist in lokalen Fachkreisen umstritten. Dies tut den Aussichten jedoch keinen Abbruch: Sie sind gewaltig! Nicht nur die Aussicht aber, sondern auch der fordernde Aufstieg und auch die Abfahrten können sich durchaus sehen lassen. Der Gipfel ist daher auch gut besucht. Die meisten Tourengeher kommen vom Tal, während der Freerider die Hälfte des Aufstiegs mit dem Lift zurücklegt.

Die Skitour von der Birgitzer Alm bis zur Nockspitze ist eine beliebte Tour. Im unteren Teil ist sie auch für Einsteiger eine gute Wahl. Ab dem Birgitzköpflhaus steilt sie auf. Wer die steile „Maierrinne" erklimmt, hat einen nicht leichten Innsbrucker Skitourenklassiker gemeistert. Der Rundblick auf die Stadt und auf die Kalkkögel sowie die vielen möglichen Abfahrtsvarianten und Einkehrmöglichkeiten machen diese Skitour zu einem echten Innsbrucker Schmankerl. Fans steiler Abfahrten finden von der Nockspitze einige Abfahrtsvarianten mit dem gewünschten Nervenkitzel in den teils über 45° steilen Rinnen.

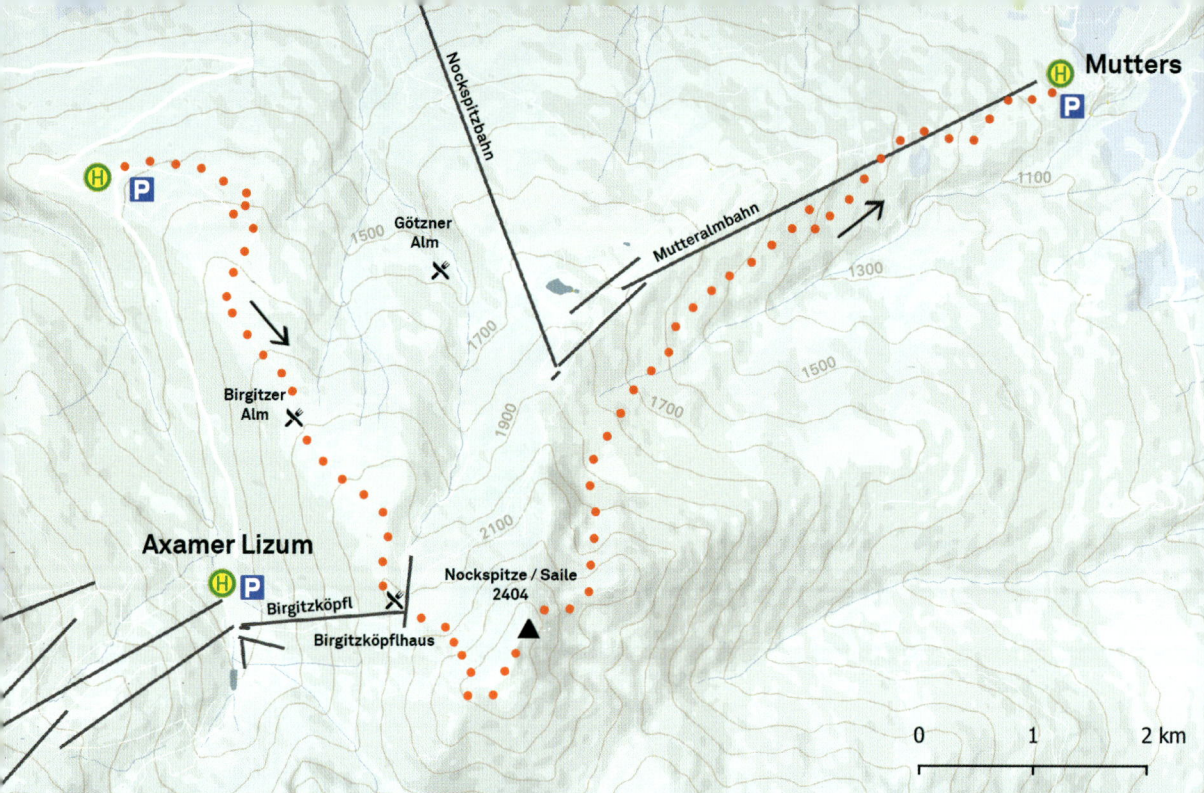

Schwierigkeit ● ● ● ○ ○

Anreise Öffentliche Verkehrsmittel
Mit dem Bus L1 oder L2 vom Zentrum in Inns-
bruck Richtung Axamer Lizum bis zur Haltestelle
"Birgitz, Abzw Birgitzer Alm".

Dauer
3h, 10km

Aufstieg/Abstieg
 1040m bzw. 400m / 1040m

Höchster/Tiefster Punkt
2404m / 1350m

Start/Ziel
Axams Abzweigung Birgitzer Alm
(Koordinaten: geogr. UTM 32T 673731 5231933)

Beste Jahreszeit
Januar bis April

Einkehrmöglichkeiten
• Birgitzer Alm
• Birgitzköpflhaus

Tipps
Die Skitour ist bis zum Birgitzköpflhaus auch für
Einsteiger eine gute Wahl. Buchtipp: Powder-
Guide Tirol: Die besten Freeride-Touren

Besondere Gefahren
Absturzgefahr bei der Steilwand-Variante.

Wegbeschreibung Aufstieg

Die beliebte Skitour ohne Liftnutzung startet an der Haltestelle Birgitzer Alm (1380m). Über die Birgitzer Alm (1820m) wird hier unschwierig entlang einem Weg / Rodelbahn zum Birgitzköpflhaus (2035m) gegangen.

Alternativ kann auch erst nach Liftfahrt von der Axamer Lizum am Birgitzköpflhaus gestartet werden.

Den steilen Aufstieg zur Nockspitze beginnt man an der Bergstation des Birgitzköpfl-Sesselliftes. Von hier kann man entweder durch die breite Rinne ("Maierrinne") nach Südwesten aufsteigen und anschließend dem breiten Rücken zum Gipfel folgen. Oder man umrundet den Berg ein Stück weit zunächst in südlicher Richtung, um nach den Lawinenverbauungen Richtung Norden zum Gipfel aufzusteigen. Der Schnee ist hier oft stark windbeeinflusst. Bei passenden Bedingungen empfiehlt sich der Aufstieg über die Maierrinne.

Abfahrt

Für die Abfahrt gibt es verschiedene Möglichkeiten. Die einfachste und kürzeste führt vom Gipfel ein kleines Stück nach Südwesten und durch die bereits als Aufstiegsvariante beschriebene Rinne zurück zum Birgitzköpflhaus und weiter entlang der Aufstiegsroute.

Für Steilwandfans bietet sich der Nordosthang mit Abfahrt zur Mutterer Alm an. Für diese Steilwandabfahrt quert man leicht Höhe verlierend vom Hauptgipfel sehr steil Richtung Norden zum Vorgipfel und in den extrem steilen Osthang. Diesen 45°+ Hang etwa 100 Höhenmeter abfahren und nach einer Verengung skier's left zu einem markanten Sattel queren. Nun in die steile Rinne Richtung Norden mit Blick nach Innsbruck abfahren. Im lichten Wald links halten und entlang eines Forstwegs und später Rodelwegs zum Skigebiet Mutterer Alm. Über die Skipiste zur Talstation und mit Bus oder Tram zurück bis Innsbruck.

Vorsicht: Diese Variante ist deutlich anspruchsvoller als die beschriebene Variante! Steilheit bis 48°, Schwierigkeitsstufe 5, Absturzgefahr!

Alternativen

Die Abfahrt kann anstatt über die Buckelpiste in die Axamer Lizum auch über die Skipisten des Götzner Skigebietes nach Götzens abgefahren werden. Alternativ fährt man vom Gipfel nach Südosten über den großen, offenen Hang ("Leintuch") in die Sailennieder, von dort nach Süden in den Talboden (Isse) und entlang des Forstwegs nach Gagers, einem Ortsteil von Telfes im Stubaital. Wer die Rückreise mit öffentlichen Verkehrsmitteln scheut, gelangt mit einem sehr kurzen zusätzlichen Aufstieg über das Halsl zurück ins Skigebiet. Das Leintuch ist vor allem als Firntour zu Beginn des Frühjahrs zu empfehlen.

Senderstal – Gamskogel

Mitten im stadtnahen Skitourenparadies.

Das Senderstal ist für abfahrtsorientierte Skitourengeher ein wahres Paradies. Nach einer netten ersten „geschenkten" Abfahrt nach der Bergfahrt im Skigebiet taucht man in ein ruhiges Tal ein. Ob die einfache, aber abfahrtstechnisch spannende Skitour auf den Gamskogel, den Angerbergkopf oder in eine der steilen Rinnen in den Kalkkögeln – hier findet jeder Skitourengeher eine passende Variante und oftmals guten Schnee. Die Varianten treffen sich alle zu einer verdienten Pause an der idyllisch gelegenen Kemater Alm. Zurück ins Stadtleben geht es bequem per Rodelbahn und Bus.

Schwierigkeit ● ● ○ ○ ○

Anreise Öffentliche Verkehrsmittel
Mit dem Bus L1 oder L2 vom Zentrum in Innsbruck bis zur Talstation der Axamer Lizum.

Dauer
5h, 17km

Aufstieg/Abstieg
940hm / 2315hm

Höchster/Tiefster Punkt
2659m / 960m

Start/Ziel
Bergstation Hoadl
(Koordinaten: geogr. 47.182957,11.281500)

Beste Jahreszeit
Januar bis April

Einkehrmöglichkeiten
Kemater Alm

Tipp
Einzelne Bergfahrt mit der Olympiabahn kaufen.

Besondere Gefahren
Beim Aufstieg auf die steilen Hänge in den Kalkkögeln und deren potentiellen Lawinen-Auslaufzonen achten.

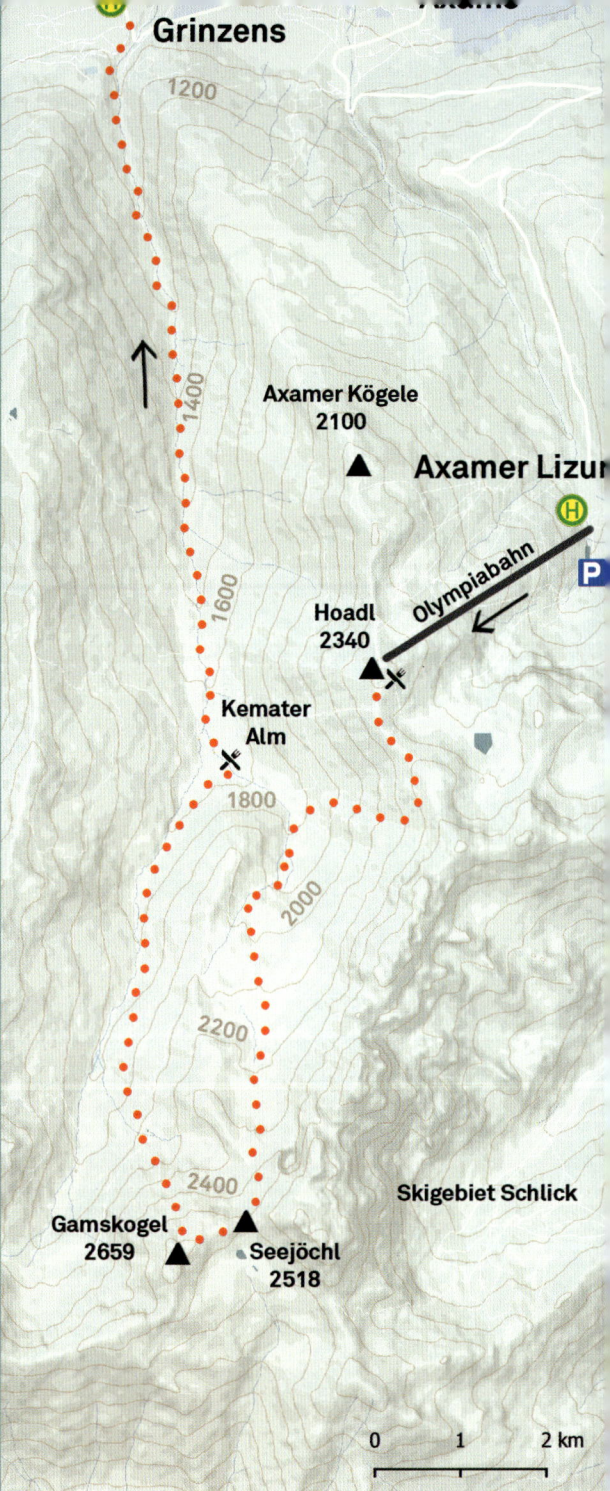

Wegbeschreibung Abfahrt

Vom Hoadl der Piste entlang zum Hoadlsattel (2264m). Hier (man kann nach Belieben noch eine Weile nach links oder rechts queren bzw. aufsteigen) nach Westen in den gemäßigt steilen Hang Richtung Kemater Alm abfahren. Das Gelände ist weitläufig und bietet viele Möglichkeiten. Einige Varianten allerdings enden im sehr dichten Wald bzw. Gestrüpp. Daher besser den offensichtlichen Rinnen zur sichtbaren Kemater Alm folgen.

Aufstieg

Etwas oberhalb der Kemater Alm auf rund 1800m anfellen und dem Weg bergauf zur Adolf-Pichler-Hütte (1977m) folgen. Ab hier stets entlang dem Verlauf des flachen Tals logisch Richtung Süden folgen. Je nach Schneebedingungen früher oder später den Hang etwas linkerhand logisch bis zum Seejöchl-Sattel (2518m) ansteigen. Hier nun dem Grat Richtung Südwesten bis zum Gipfel des Gamskogel (2659m) folgen.

Abfahrt

Vom Gipfel den Nordhang an geeigneter Stelle abfahren und leicht links dem Hangverlauf bis zum Sendersbach folgen. Etwas rechts des Talverlaufs halten, um den Schwung mitzunehmen. Entlang des Weges rechts vom Bach zurück zur Kemater Alm. Ab hier die Rodelbahn bis Grinzens nehmen und bei guter Schneelage bis fast zur Bushaltestelle fahren. Mit dem Bus zurück bis Innsbruck.

Alternativen

Statt zum Gamskogel kann man sich auch direkt nach der Abfahrt zur Kemater Alm auf den Angerbergkopf (2399m) aufmachen. Wer steile Rinnen mag, sollte beim Aufstieg zum Gamskogel die vielen Gelegenheiten, in eine der steilen Kalkkögel-Rinnen einzusteigen nicht ungenutzt lassen.

Fototipps

Neben dem Aussichtspunkt direkt am Hoadl sind der Ausblick vom Gamskogel und die Kemater Alm die schönsten Fotopunkte.

Zuckerhütl – Sulzenauferner

Der höchste Berg in den Stubaier Alpen mit langer Abfahrt.

Das Zuckerhütl war früher der Inbegriff eines perfekten Firnhorns. Die spitze Hutform hat das Zuckerhütl auch heute noch. Der „Zucker" – also das oft eingeschneite Gletschereis – ist mit den Jahren allerdings immer mehr abgeschmolzen. Nun ragt es aus dem nicht mehr ganz ewigen Eis als erkletterbarer höchster Berg (3507m) in den Stubaier Alpen aus dem Eis des Sulzenauferners hervor.

Das Zuckerhütl wird im Sommer wie im Winter oft besucht. Das nahe Skigebiet verkürzt den Anstieg zum höchsten Punkt der Stubaier Alpen nämlich deutlich. Die klassische Abfahrtsroute zurück ins Skigebiet ist relativ unschwierig und dank des hohen Start- und Zielpunkts an den Skigebietsliften oft bereits früh beziehungsweise noch sehr spät in der Saison möglich.

Die beschriebene Abfahrt über den Sulzenauferner ist mittelschwer und insbesondere landschaftlich deutlich reizvoller. Der weitläufige Sulzenauferner (Vorsicht Gletscherspalten!) lädt zu großen, rasanten Abfahrtsschwüngen ein. Weiter im Tal ist die Abfahrt entlang enger Wanderwege und Hochebenen etwas abwechslungsreicher und abenteuerlicher.

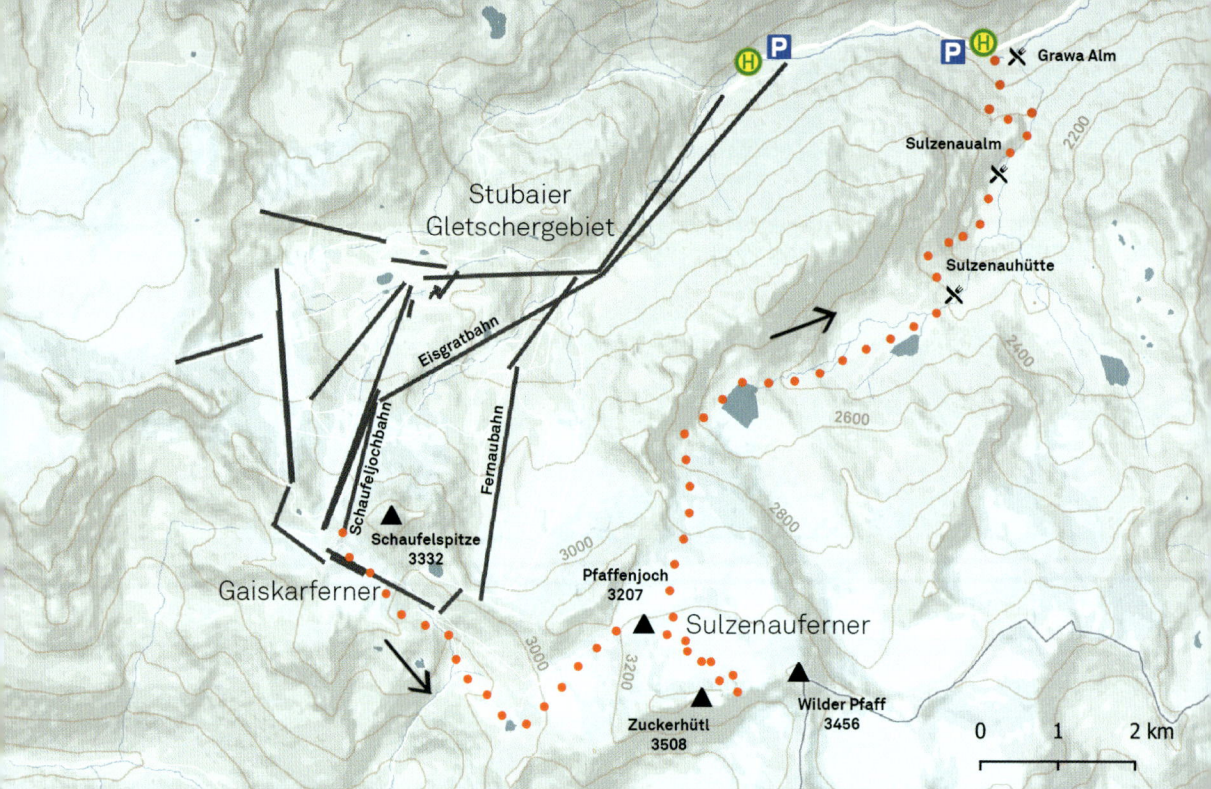

Schwierigkeit ● ● ● ○ ○

Anreise Öffentliche Verkehrsmittel
Mit dem Bus 590 von Innsbruck bis zur Talstation der Stubaier Gletscherbahnen, Haltestelle "Neustift Eisgratbahn". Zurück nach Innsbruck von der Haltestelle "Grawa Alm".

Dauer
6h, 14km

Aufstieg/Abstieg
800hm / 2300hm

Höchster/Tiefster Punkt
3507m / 1530m

Start/Ziel
Stubaier Gletscherbahn, Bergstation
Schaufeljochbahn
(Koordinaten: geogr. 46.977032,11.110654)

Beste Jahreszeit
Dezember bis Mai

Tipps
Reduzierte Tourenkarte (einmalige Bergfahrt) erhältlich. Weitere lohnende Tourenziele sind Pfaffensattel und Wilder Pfaff.

Besondere Gefahren
Gletscherspalten, Absturzgefahr!

Wegbeschreibung Aufstieg

Startpunkt ist das Joch zwischen Gaiskar- und Windacher Ferner, das mit der Gondel vom Eisgrat aus zu erreichen ist. Von hier quert man zunächst oberhalb des Snowparks ein Stück nach Süden und fährt dann durch Variantengelände nach Osten ab. Auf der Höhe der Talstation des Gaiskarferner-Schlepplifts verengt sich das Gelände etwas. Nach einer kurzen Rinne fährt man noch ein Stück flach nach Südwesten in die Mulde unterhalb des Pfaffenferners. Hier werden die Felle aufgezogen. Der Aufstieg erfolgt am besten zunächst am südlichen Rand der Gletscherzunge.

Nach einer kurzen, steileren Passage geht es in einer langen, flachen Geraden nach Nordosten zum Pfaffenjoch. Bei guter Schneelage kann auch querend entlang des Sommerwegs auf den Gletscher aufgestiegen werden. Meist ist dies jedoch die mühsamere Variante. Nach dem Übergang über das Joch quert man den oberen Teil des Sulzenauferners, passiert die Nordwand des Zuckerhütls und steigt in den Pfaffensattel (3332m) zwischen Zuckerhütl (3507m) und Wildem Pfaff (3456m) auf. Von dort nach Westen Richtung Gipfel. Die letzten 150 Höhenmeter über den Grat sind zu Fuß zurückzulegen. Hier sind Steigeisen ratsam. Unter Umständen kann auch ein Seil zum Sichern von Nutzen sein. Da die Nordwand des Zuckerhütls nur äußerst selten noch befahren werden kann, ist es ratsam, hier ein Skidepot einzurichten.

Abfahrt

Natürlich kann entlang der Aufstiegsroute abgefahren werden, wobei dann noch ein kurzer Gegenanstieg zurück ins Skigebiet zu bewältigen ist. Diese Variante empfiehlt sich vor allem sehr früh oder sehr spät in der Saison. Interessanter ist aber die Abfahrt über den Sulzenauferner bis hinunter ins Stubaital. Dafür fährt man über den Sulzenauferner (Vorsicht: Spalten)

nach Norden ab. Dabei hält man sich am besten zunächst entlang der Aufstiegsroute an der westlichen Seite des Gletschers und weit des Aperen Pfaffengrates.

Über mehrere kurze Steilstufen und vorbei an der beeindruckenden Spaltenzone gelangt man bald in einen sehr flachen Bereich direkt unterhalb des Gletschers. Hier weiter nach Nordosten bis man nach einer weiteren kurzen Steilstufe erneut ein sehr flaches Tal einfährt. Diesem folgt man nach Nordosten bis zur Sulzenauhütte (2191m). Hier ein Stück nach skier's left bzw. nordwestlich vorbei an der Materialseilbahn queren und durch steiles, unübersichtliches Gelände Richtung Sulzenaualm abfahren. Meist sind Spuren vorhanden, dennoch ist hier eine gute Orientierungsfähigkeit gefragt.

Weiter geht es flach nach Nordosten, vorbei an den Almgebäuden und auf einem schmalen Wanderweg zuerst nach Nordosten, dann nach Westen. Dieser Teil kann bei hartem, ausgefahrenem Schnee noch einmal unangenehm sein. Bald erreicht man eine Waldschneise, welche direkt zum Bach unmittelbar unter der Grawa-Alm führt. Sind keine geeigneten Schneebrücken vorhanden, findet man einige Meter rider's left der Schneise eine Holzbrücke. Zurück nach Innsbruck per Bus, die Haltestelle befindet sich direkt oberhalb der Grawa Alm.

Fototipps

Jeder Innsbrucker muss gefühlt einmal im Leben ein Bild mit dem Gipfelkreuz auf dem Zuckerhütl geschossen haben. Der felsige Schlussanstieg ist auch einen Schnappschuss wert, wenn man sicher steht und eine freie Hand für die Fotokamera findet.

In der Abfahrt bietet die weite Fläche des Sulzenauferners eine schöne Fotofläche mit Blick bis fast nach Innsbruck.

Obernberger See – Grubenkopf

Genussvolle und ruhige Skitour im Wipptal.

Landschaftlich zählt diese Skitour wohl zu den schönsten im gesamten Wipptal. Zwischen den massiven Felsflanken der Tribulaunberge, den geschwungenen Bergrücken des Brenner Grenzkamm und oberhalb vom Obernberger See ist das Ziel der Grubenkopf.

Der Aufstieg ist abwechslungsreich, führt am malerisch gelegenen Obernberger See vorbei und ist auch für Skitouren-Einsteiger zu bewältigen. Die Skitour auf den Grubenkopf wird vom Frühwinter bis hinein ins Frühjahr begangen. Die Lawinensituation macht der Planung nur selten einen Strich durch die Rechnung. Mit zweieinhalb bis drei Stunden Aufstieg über 900 Höhenmeter ist diese Tour für viele machbar.

Einsteiger gehen besser nur bis zum kleinen Joch unterhalb des Gipfels. Der Gipfelhang ist meist abgeblasen, da der gesamte Grenzkamm sehr föhnexponiert liegt. Die Abfahrt kann je nach Gusto unterschiedlich steiler gewählt werden.

Schwierigkeit ● ● ○ ○ ○

Anreise Öffentliche Verkehrsmittel
Mit dem Zug von Innsbruck bis zum Bahnhof "Gries am Brenner". Von dort mit dem Bus
4145 bis zur Haltestelle "Obernberg am Brenner
Gh Waldesruh". Für einen frühen Tourenstart
muss (derzeit) mit dem Auto angefahren werden
(gebührenpflichtiger Parkplatz).

Dauer
5h, 11km

Aufstieg/Abstieg
900hm/900hm

Höchster/Tiefster Punkt
2337m/1436m

Start/Ziel
Obernberg Gasthof Waldesruh (Haltestelle)
(Koordinaten: geogr. 47.005975,11.401985)

Beste Jahreszeit
Januar bis April

Tipps
Einsteiger gehen nur bis zum Grubenjoch oder
wählen einen anderen einfachen Punkt davor
als Tourenziel.

Besondere Gefahren
Keine

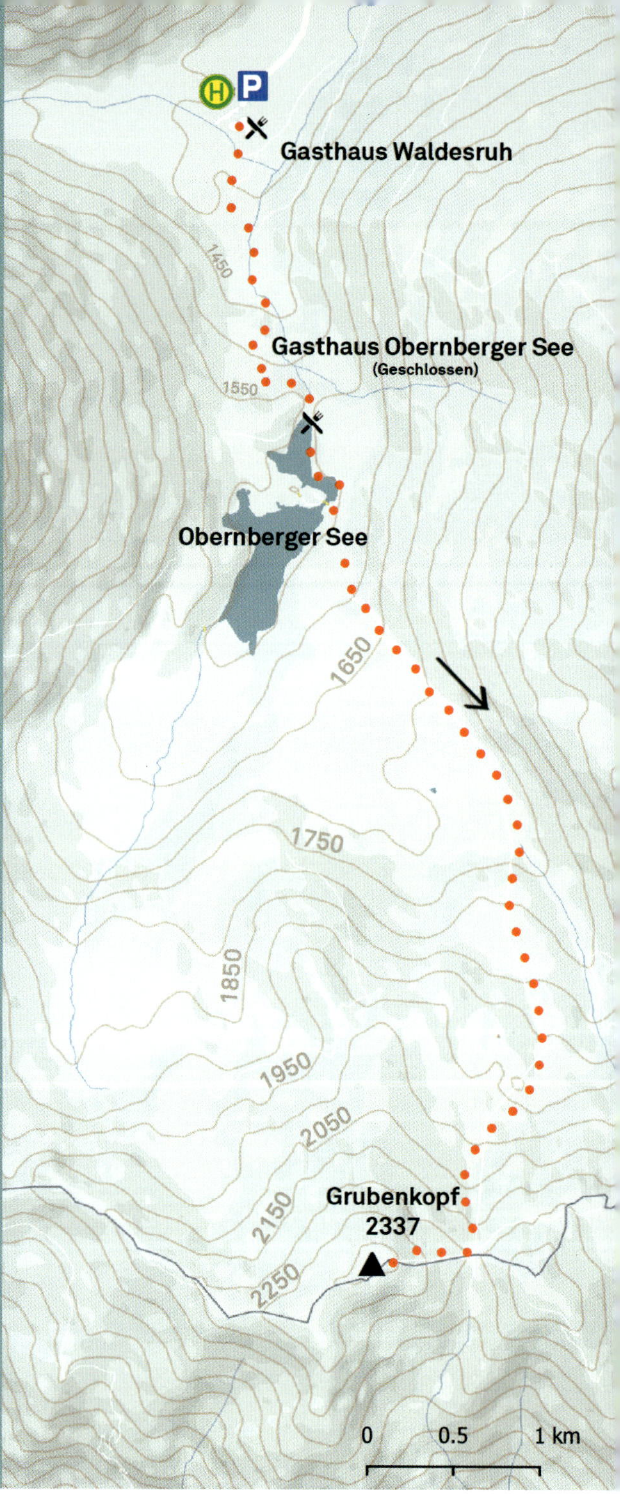

Gasthaus Waldesruh

Gasthaus Obernberger See
(Geschlossen)

Obernberger See

Grubenkopf
2337

0   0.5   1 km

Wegbeschreibung

Ausgangspunkt ist am (gebührenpflichtigen) Parkplatz bzw. der Haltestelle am Talschluss beim Gasthaus Waldesruh (1439m).

Über den Forstweg oder alternativ über die Almwiesen steigt man zum Obernberger See (1594m). Man erreicht das ehemalige geschlossene Gasthaus Obernberger See, folgt ein Stück dem Ufer und steigt dann nach links (Richtung Süden) im Wald auf. Der Waldgürtel ist bald überwunden – im freien, leicht gestuften Gelände führt die Spur landschaftlich reizvoll zum Grubenjoch. Am meist abgeblasenen Rücken geht es, etwas steiler nun, zum Grubenkopf Gipfel (2337m). Abfahrt wie Aufstieg. Abfahrtsvarianten nach Belieben. Der gesamte Kessel kann befahren werden und führt ohne größere Schwierigkeiten zum Obernberger See. Nach dem Gasthof am See direkt rechts und die Almwiesen bis kurz vor dem Ausgangspunkt folgen.

Fototipps

Je nach Jahreszeit ist der Obernberger See natürlich der Star dieser Runde. Wenn die Sonne auf den im Winter fast immer gefrorenen See scheint, bieten sich durch die entstehenden Eisschollen interessante Motive an. Die Region ist bekannt für ihre starken Winde. Wer es zeitlich gut plant, kann diese Wetterumschwünge bildgewaltig festhalten. Ein weiteres Highlight sind die Hütten und alten traditionellen Heustadln entlang der Abfahrt.

SKIGEBIETE

„Und wann der Schnee staubt
und wann die Sunn' scheint
Dann hob' I ollas
Glück in mir vereint
I steh' am Gipfel,
schau' obe ins Tal
A jeder is glücklich, a jeder
fühlt si wohl"

WOLFGANG AMBROS

Skigebiet Nordkette

Steil und hoch direkt über der Innenstadt.

Das Skigebiet auf der Nordkette ist in seiner Art wohl einzigartig auf der Welt. Direkt vom Stadtzentrum geht es in rekordverdächtigen 20 Minuten mit Standseilbahn und Gondel ins verschneite Karwendelgebirge. Das Pistengebiet ist im Vergleich zu vielen anderen Gebieten in den Alpen sehr klein, dafür aber durchweg sehr steil und mit vielen Optionen auf engem Raum.

Sobald Neuschnee gemeldet ist, streiten sich die Freerider um den Platz in der ersten Gondel. Die Seegrube bietet Anfänger-Skikurse und ist Spielplatz Nummer eins der Freestyle- und Freerideszene zugleich. Bei taufrisch aufgelegter Musik an der Cloud9 Schneebar lässt sich Ausblick und Show der Freestyler im Liegestuhl genießen.

Anreise Öffentliche Verkehrsmittel

Vom Stadtzentrum in Innsbruck (bspw. Haltestelle "Marktplatz") mit dem Bus J Richtung
"Nordkette" bis zur Haltestelle "Hungerburg".
Alternativ mit der Hungerburgbahn ab "Innsbruck Congress".

Höchster / Tiefster Punkt

2256 m / 860m

Beste Jahreszeit

Ganzjährig geöffnet, Wintersaison je nach
Schneelage von Dezemer bis April

Einkehrmöglichkeiten

- Hungerburg
- Seegrube

Tipps

Nach Neuschnee ziehen vormittags oftmals Wolken in den Hang und verdecken die Sicht auf die
Stadt.

Besondere Gefahren

Lawinensituation beachten!

Fototipps

Die besten Bedigungen sind im Hochwinter nach frischem Neuschneefall. Doch der Teufel steckt im Detail: Oftmals bilden sich Wolken zwischen Nordkette und der Stadt, sodass die Aussicht trotz bester Wettervorhersage gute Fotos und Aussichten verhindern kann.

Im Dezember und Anfang Januar sind oft wunderbare Sonnenuntergänge von der Seegrube zu beobachten.

Fotospot Hafelekar

Die steilsten Tiefblicke nach Innsbruck hinunter hat man von der Bergstation Hafelekar an der Nordkette. Fußgänger und Unerfahrene sollten an der Aussichtsplattform an der Bergstation bleiben. Erfahrene Skifahrer und Freerider erkunden von hier die steilen, berühmten Flanken der Nordkette. Besonders bei frischem Neuschnee heißt es, schnell zu sein und dennoch Vorsicht walten zu lassen.

Fotospot Snowpark

Der Snowpark an der Nordkette ist klein, aber fein. Hier trainieren die Tiroler Nachwuchsathleten Runde um Runde an dem nur 200 Meter langen Lift. Die kurzen Runden machen eine hohe Wiederholungsrate möglich und geben den Athleten und Freizeitsportlern damit einen guten Trainingseffekt. Fotografen können sich am Hindernis ihrer Wahl platzieren und auf die beste Ausführung gemütlich warten.

Fotospot Neuschnee (Hafelekar+Treeskiing)

Die Nordkette ist einer der schneereichsten Orte und steilsten Skigebiete der Alpen. Wenn es hier schneit, dann oftmals anhaltend kräftig. Und nur wer technisch sicher auf dem Ski steht und steile Abfahrten mag, kommt auf seine Kosten. Die Neuschneemengen hier sind fast so legendär wie die Schlangen zur ersten Gondel morgens. Ist Freeriden bis zur Hungerburg möglich, wird das

Waldgebiet der Platz der Wahl, um sich verrückttiefen Schnee um die Ohren wehen zu lassen. Spielen alle Bedingungen perfekt zusammen, kann man sich am Hafelekar an einer der extrem steilen Abfahrtsvarianten mit Tiefblick bis in die Stadt belohnen.

Skigebiet Axamer Lizum

Abwechslungsreiches
Gebiet in den Tiroler
Dolomiten.

Das wohl abwechslungsreichste Skigebiet rund um Innsbruck war in der Sporthistorie gleich zwei Mal Austragungsort der alpinen Wettbewerbe bei den Olympischen Spielen 1964 und 1976. Jeder Innsbrucker hat so sein Lieblingsskigebiet – wir empfehlen die Axamer Lizum. Die Pisten sind abwechslungsreich, das Freeridegelände ist mal verspielt und mal weitläufig und Tourenmöglichkeiten gibt es so viele, da ist jedes amerikanische und kanadische Skigebiet neidisch. Massenabfertigung findet man hier auch nicht.

Oben am Hoadl genießt man den sagenhaften Ausblick auf die Kalkkögel und das Sellrain. Wer es urig mag, macht einen Stopp am Dohlennest, Birgitzköpflhaus oder der Sunnalm. Diese Mischung macht die Lizum für uns zu einem der besten Skigebiete überhaupt.

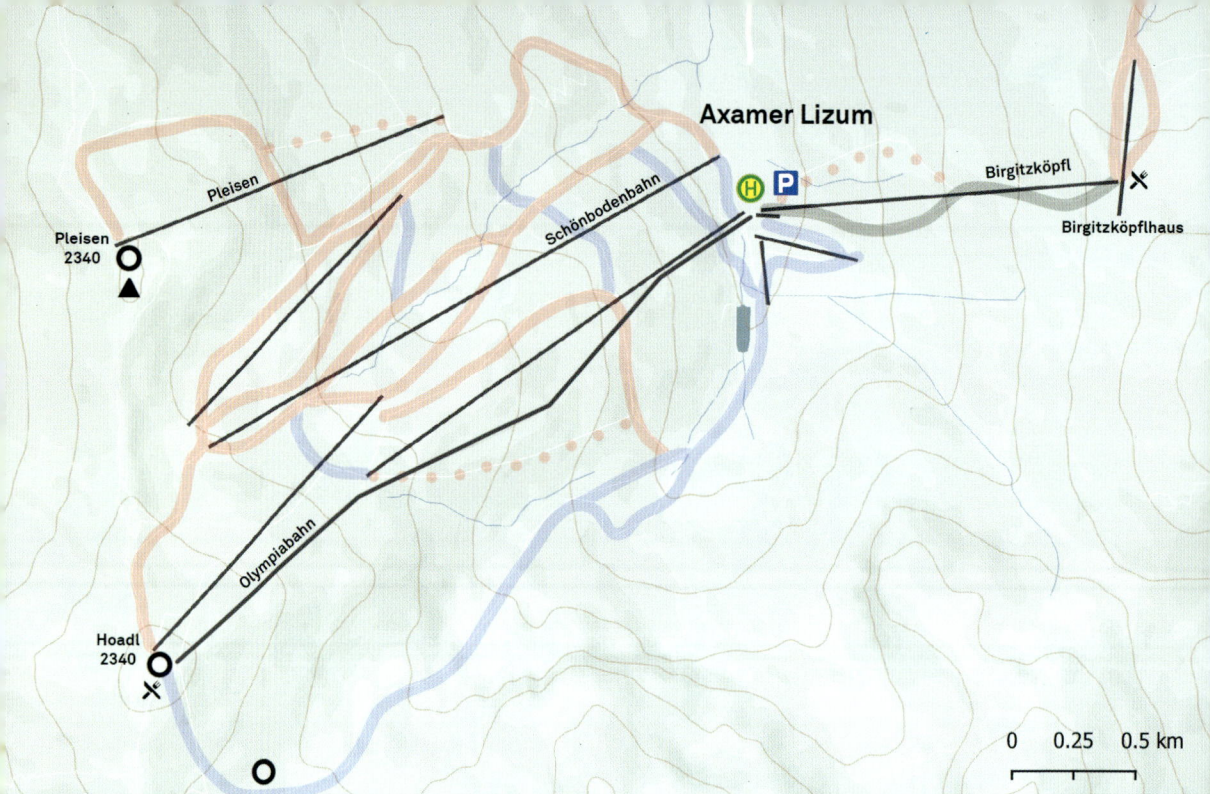

Anreise Öffentliche Verkehrsmittel
Mit dem Bus L1 oder L2 vom Zentrum in Innsbruck bis zur Talstation der Axamer Lizum.

Höchster/Tiefster Punkt
2340m / 1580m

Start/Ziel
Bergstation Axamer Lizum – Hoadl
(Koordinaten: geogr. 47.182742,11.281672)

Beste Jahreszeit
November / Dezember bis April

Einkehrmöglichkeiten
• Hoadl
• Dohlennest
• Axamer Lizum

Fototipp

Das Skigebiet Axamer Lizum mag relativ klein sein, ist aber umso mehr abwechslungsreich. Ob die altehrwürdige Standseilbahn, der Blick nach Innsbruck oder in die Kalkkögel – kaum ein Skigebiet weltweit vereint so viele Möglichkeiten auf kleinem Raum in quasi Stadtnähe.

Fotospot Hoadl

Das Hoadl ist wohl der beliebteste alpine Treffpunkt für Innsbrucker Freizeitenthusiasten. Hier lässt es sich sonnenbaden, auf eine vergnügliche Runde Skifahren mit Freunden treffen, bei Neuschnee freeriden oder zu einer Skitour starten. Der Blick über das Senderstal ins Sellrain nach Westen und nach Süden in die traumhaften Kalkkögel sind die beliebtesten Fotomotive und Urlaubserinnerungen.

Fotospot Damenpiste

Die Abfahrt der Damen zu den Olympischen Spielen in den 1950er und 1960er Jahren ist eine beliebte, weil abwechslungsreiche, Skiabfahrt. Fotografen mögen den Blickwinkel von etwas nördlich der Skipiste im freien Skiraum über die Skipiste bis hin zu den Kalkkögeln. Manchmal hängt Restbewölkung in den steilen Kalkgipfeln. Dies kann spannende Lichtspiele erzeugen. Hier heißt es dann: schnell sein und auf etwas Glück hoffen.

Fotospot Pleisen

Von der Bergstation am Pleisen hat man den besten Blick auf Innsbruck-Stadt und das Inntal. Ein Panoramabild oder ein Ski-Action-Foto? Beides kann hier fotografisch wertvolle Ergebnisse bringen. Manchmal – und insbesondere zu Sonnenuntergang – sind schöne Lichtspiele in Blickrichtung der steilen Karwendelberge und dem Zugspitzmassiv lohnenswert.

Skigebiet Stubaier Gletscher

Gletscherskigebiet mit Dolomitenblick .

Das beliebteste Gletschergebiet der Alpen – diesen Titel fährt der Stubaier Gletscher regelmäßig bei einschlägigen Umfragen ein. Die Pisten sind genussorientiert und sehr breit angelegt. Die Lifte sind modern, die Schneelage ist dank der Höhenlage zukunftssicher.

Aussichtsreiche Skitouren im Frühjahr und ein Snowpark auf Weltklasse-Niveau sind für die erfahrenen Innsbrucker immer wieder Grund genug, die gerade einmal 35 Minuten lange Autofahrt oder eineinhalb Stunden lange Busfahrt vom Zentrum Innsbrucks auf sich zu nehmen.

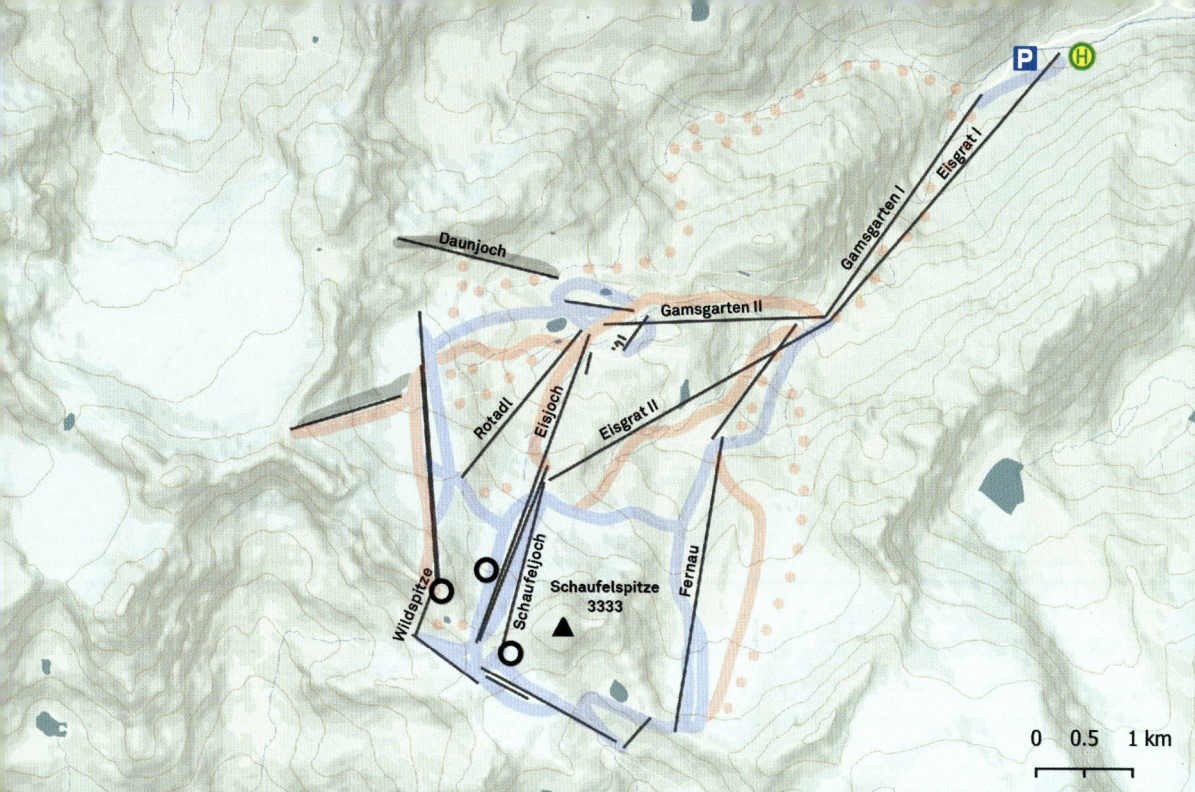

Daunjoch
Gamsgarten II
Gamsgarten I
Eisgrat I
Rotadl
Eisjoch
Eisgrat II
Fernau
Wildspitze
Schaufeljoch
Schaufelspitze
3333

0   0.5   1 km

Anreise Öffentliche Verkehrsmittel
Mit dem Bus 590 von Innsbruck bis zur Talstation der Stubaier Gletscherbahnen, Haltestelle "Neustift Eisgratbahn".

Höchster/Tiefster Punkt
3220m / 1690m

Start/Ziel
Bergstation Gamsgarten / Eisgrat

Beste Jahreszeit
November bis April

Einkehrmöglichkeiten
• Bergstation Gamsgarten
• Bergstation Eisgrat

Fototipp

Besonders im Hochwinter sind die Sonnenspiele auf den zumeist nördlich ausgerichteten Pisten für Fotografen besonders spannend. Wichtig: Auf die dann oft besonders niedrigen Temperaturen achten – die empfindliche Elektronik versagt bei Temperaturen von -20° Celcius und darunter schonmal nach einigen Minuten in der Kälte. Sanftes Aufwärmen schafft Abhilfe, aber birgt die Gefahr von Kondenswasserbildung.

Fotospot Schaufeljoch / Snowpark

Der Snowpark am Stubaier Gletscher ist seit rund 2010 in der Freestyle-Szene ein bekannter Spot. Hier versuchen sich Amateure wie auch Profis am Perfektionieren ihrer teils waghalsigen Manöver in Luft und am Schnee. Die großen Sprünge sind so aufgebaut, dass sie seitlich den Blick in die Dolomiten freigeben. Ein einfaches Panoramabild ohne Skifahrer macht man am besten direkt nach dem Aussteigen aus der Schaufeljoch-Bergstation in Richtung Südwesten mit Zuckerhütl und den Dolomiten.
Vorsicht: Nicht die Fahrer auf oder neben den Sprüngen und Landungen stören! Lebensgefahr!

Fotospot Gletscherpisten Eisjoch / Daunferner

Die Skipisten am Daunerferner und Eisjoch sind aufgrund ihrer Breite und geringen Steilheit sehr beliebt. Insbesondere bei tief stehender Sonne im Hochwinter findet man von der Sonne nur leicht berührte Stellen. Die Sonnenstrahlen erleuchten die Schneekristalle als Streiflicht – diese vielfältigen Licht-Schattenspiele kann man fotografisch besonders gut nutzen. Die beiden Sessellifte Eisjoch und Rotadl ermöglichen zudem noch einen spannenden Blickwinkel von oben.
  Vorsicht: Beim Fotografieren aus dem Sessellift nicht die Sicherheitsvorkehrungen vernachlässigen. Kamera gut befestigen und am Ein- und Ausstieg geordnet die Liftstation betreten beziehungsweise verlassen.

Fotospot Bergstation Wildspitze

Der höchste Punkt im Skigebiet an der Bergstation des Wildspitz-Lifts eröffnet weitere Panorama-Blicke. Besonders der Ausblick nach Südwesten hin zu den Dolomiten lohnt das Mitführen eines Teleobjektivs. Ebenso ist der Blick nach Nordwesten in die Stubaier Alpen bis ins Inntal gerade bei leicht wolkigem Wetter einen Schnappschuss wert. Um den besten Blick auf Tirols höchsten Berg, die 3798m hohe Wildspitze, zu erhaschen, sollte man ebenso wieder das Teleobjektiv nutzen. Man erkennt die vergletscherte Bergspitze etwas linkerhand des Skigebiets Sölden.

WINTER-ABENTEUER FÜR ALLE

„In den Bergen ist Freiheit."

WANDA RUTKIEWICZ

Wintersport

Winterwandern, Rodeln und eine Innsbrucker Spezialität.

Einen Schneemann bauen oder einfach nur im frisch gefallenen Weiß herumstreunen und die Ruhe genießen. Wintersport ist nicht immer nur Skisport. Andere wenig beworbene, aber nicht minder attraktive Wintervergnügen sind rund um Innsbruck – sofern das weiße Gold die Landschaft bedeckt – beliebte Outdoor Aktivitäten bei Jung und Alt.

Ob nur zu Fuß oder mit dem Rodel, Winterwandern ist an sich schon ein beeindruckendes Naturerlebnis. Kälte und Ruhe, eine Landschaft in Unifarben, fast ohne Leben. Bis auf die Abermilliarden Schneeflocken, jedes ein Unikat. Nichts lenkt uns ab, wir finden zu uns selbst zurück. Und wem es nach Geselligkeit und Adrenalin treibt, hat die Option, den Weg zurück ins Tal mit einer lustigen Partie Rodel zurück zu legen. Ein besonderes „Innsbrucker" Spätwinter-Vergnügen ist das "Figln": unter die Bergschuhe schnallt man diese Kurzski und saust die Firnhänge hinab. Ein Spaß für die ganze Familie.

Winterabenteuer für alle.

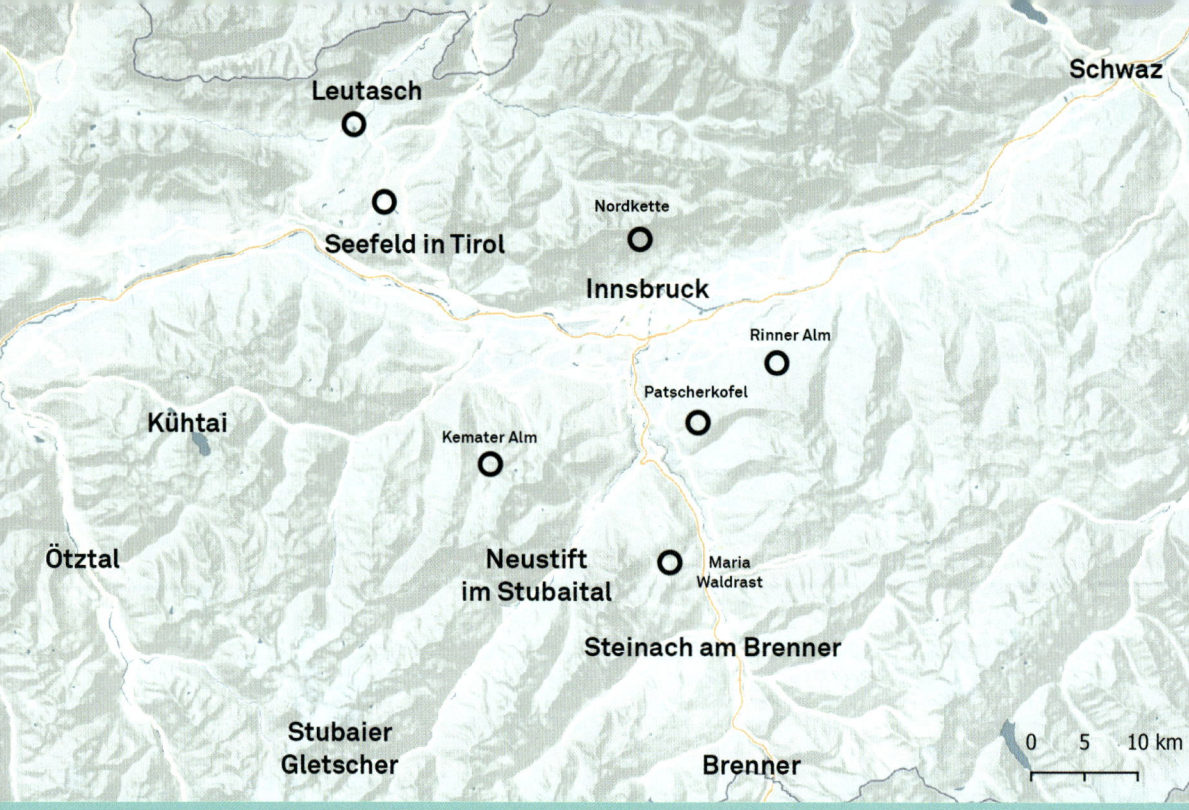

Leutasch

Seefeld in Tirol

Nordkette

Innsbruck

Schwaz

Rinner Alm

Patscherkofel

Kühtai

Kemater Alm

Ötztal

Neustift
im Stubaital

Maria
Waldrast

Steinach am Brenner

Stubaier
Gletscher

Brenner

0   5   10 km

Schwierigkeit ● ○ ○ ○ ○

Anreise öffentliche Verkehrsmittel
Viele der beliebten Ziele sind auch mit den
Öffentlichen Verkehrsmitteln gut erreichbar. Alle
Informationen zu Verbindungen und Fahrplänen
findet man in der VVT SmartRide App oder online
unter smartride.vvt.at.

Informationen
Ein schöner geräumter Winterwanderweg ist
speziell für Fußgänger von der Patscherkofel
Bergstation bis zum Patscherkofel Gipfel (und
zurück) angelegt.
Fast alle Rodelstrecken sind auch für Fußgänger
geeignet. Einige wenige Rodelstrecken, meist
in unmittelbarer Nähe der Bergbahnen, bieten
getrennte Wege für Aufstieg und Abfahrt.

Orte
• Patscherkofel (47.209949,11.451960)
• Kühtai (47.211348,11.014738)
• Kemater Alm, Axamer Lizum
  (47.195997,11.302507)
• Maria Waldrast (47.130097,11.405568)
• Rinner Alm (47.237025,11.499252)

Tipps
Viele Hütten haben einen Rodelverleih. Zustand
der Rodelbahnen unter www.winterrodeln.org
einsehbar. Nicht auf Skipisten rodeln, wenn
nicht explizit vorgesehen!

Winterwandern und Rodeln

Ein entspannter sportlicher Winterspaziergang im schneeweißen Winterkleid lässt sich wunderbar genießen. Kälte und Ruhe draußen, aufwärmen in einer gemütlichen Hütte. Wer mag, fährt bergab mit einem Rodel.

 Die Kufen glühen. Die stabilen, klassischen Holzrodel geben jede Bodenunebenheit an den Fahrer weiter. Hände und Füße pressen in den teils sportlichen Abfahrten in den Schnee und versuchen halbwegs die Richtung vorzugeben und zu bremsen. Rodeln ist ein Spaß für Jedermann und Jedefrau und für die ganze Familie. Von jung bis alt wird beim anstrengenden Bergauf geschwitzt und geschnauft. Beim bergab Düsen werden die Mundwinkel bis zum Anschlag in die Grinseform gepresst. Ein Winterurlaub in Innsbruck ohne eine Rodeltour ist eigentlich nicht vorstellbar.

Figln

„Fi... wie bitte?" Figln! Figln spricht sich aus, wie man es schreibt. Zugegebener Weise ein etwas seltsamer Buchstabensalat, der aber umso mehr Spaß macht. Figl ist die Kurzform für „Firngleiter" und bezeichnet Kurzski, meist aus Leichtmetall, die man sich unter seine Bergschuhe schnallt. Mit diesen Kurzski rutscht man im Frühjahr die weichen Firnhänge von Bergtouren hinunter. Figl sind recht leicht und erleichtern den Abstieg bei frühsommerlichen Bergtouren ungemein.

An der manchmal besonders schneereichen Nordkette mit ihren steilen Rinnen und Hängen wird es manchmal erlaubt, dass zu Ende der Wintersaison die Figlfreunde sogar das Skigebiet nutzen dürfen.

Waghalsig werfen sich die Innsbrucker auf ihren Figln die steilen Rinnen hinab. Das geschieht zumeist fahrend, manchmal auch im weichen Firnschnee rutschend und fallend. Gefahren wird dabei in sich teils mehrere Meter immer tiefer in die Schneedecke einschneidende Fahrrinnen. Gebremst wird mit Gewichtsverlagerung oder per Sturz in den weichen Schnee. Ein Spaß für die ganze Familie, den es so weltweit nur in Innsbruck zu erleben gibt. Alternativ die Figl auf eine frühsommerliche Bergtour mitnehmen und auf ihnen den Talweg antreten, so weit es die Schneelage erlaubt.

Verleih
• Nordkette, Innsbruck
• Sportfachhandel in Innsbruck

Ort
Nordkette (47.306881,11.380119)

Tipp
Ordentliche, hohe Bergschuhe sowie Wintersportbekleidung notwendig.

Langlaufen und Biathlon

Was in den Alpen der alpine Skilauf ist, ist im europäischen Norden das Langlaufen. Aufgrund der geografischen Lage ist Langlaufen in Tirol nicht überall möglich. Im Tal sind fast alle Flächen bereits genutzt, am Berg ist es oft zu steil. Aufgrund der beengten Verhältnisse ist der Langlaufsport in Tirol eher eine Randsportart. Dennoch kann Langlaufen in einigen wenigen Gebieten aber ausreichend lustvoll ausgeübt werden.

In der Nähe von Innsbruck finden Langläufer teils auf den Tiroler Gletscherskigebieten gute Trainingsbedingungen. Leicht erreichbar per Zug und Bus ist ein Langlaufzentrum in Seefeld / Leutasch eingerichtet und auch landschaftlich empfehlenswert. Einige Runden lassen sich auch in den Innsbrucker Mittelgebirgen oder am Mieminger Plateau drehen, sofern es die Schneelage zulässt.

Fototipps

Wie immer bei Actionsportarten heißt es, nah heranzugehen und die Action und Emotionen aufzunehmen.

Die Winterwanderung am Patscherkofel ist zudem besonders aussichtsreich und die Ausblicke sind eine einfache Gelegenheit, die alpine Winterlandschaft inmitten von oben zu fotografieren.

Orte

- Seefeld (47.324760,11.178803)
- Leutasch (47.373257,11.151152)
- Kühtai (47.211348,11.014738)
- Tiroler Gletscherskigebiete

Tipp

Nicht vergessen, die Streckengebühr vorab zu lösen.

BERGSTEIGEN

„Luft unter den Füßen und
Felsen im Griff."

Berglauf Brandjochspitze

Steil über Innsbruck.

Auf Messers Schneide geht dieser Berglauf steil und luftig auf den wohl markantesten Gipfel der Nordkette: Die Vordere Brandjochspitze. Schroff ragt sie empor und bildet visuell den westlichsten Rand der von Innsbruck unmittelbar erreichbaren Teil der Nordkette.

Ein markanter Sprung, der nur schwierig umklettert werden kann, verleiht dieser Tour in Kombination mit der Ausgesetztheit seine besondere Würze und auch Gefahr. Im Winter gehen diese Tour gar manch extreme Steilwandfahrer mit Ski oder Snowboard. Sie haben den Vorteil, nicht hinunterlaufen zu müssen. Wer nach dem fordernden Uphill den weiten Gang ins Tal scheut, kann seine Kniegelenke mit der Talfahrt per Gondel schonen.

Schwierigkeit ●●●●●

Abreise Öffentliche Verkehrsmittel
Zurück in das Stadtzentrum von Innsbruck
gelangt man mit dem Bus J Richtung "Patscherkofel" von der Haltestelle "Hungerburg". Alternativ auch mit der Hungerburgbah

Dauer
6h, 12,5km

Aufstieg/Abstieg
2065hm / 735hm

Höchster/Tiefster Punkt
2559m / 575m

Start/Ziel
Innsbruck Innbrücke
(Koordinaten: geogr. 47.268885,11.390588)

Beste Jahreszeit
Juli bis September

Einkehrmöglichkeiten
Seegrube

Tipps
Bergab mit der Nordkettenbahn oder z.B. über
den Seegrubensteig zu Fuß.

Besondere Gefahren
Absturzgefahr! Kletterausrüstung beim Aufstieg
von Brandjochkreuz (2268m) bis Vordere Brandjochspitze (2559m) empfohlen.

Wegbeschreibung

Der Berglauf startet in der Innsbrucker Innenstadt. Direkt vom Start weg geht es bis zum Ziel Vordere Brandjochspitze (2559m) stets bergauf. Durch den Stadtteil Hötting erreicht man die kleine Kapelle am Höttinger Bild (905m) (letzte Möglichkeit, Wasser aufzunehmen). Über einen mitunter sehr steilen Steig geht es ohne Verschnaufpause bis zur malerisch gelegenen Achselbodenhütte (1645m).

Von hier nimmt man den immer weniger begangenen Steig zum Brandjochkreuz (2268m). Ab hier startet der delikate Teil mit einigen Kletterstellen (absolute Trittsicherheit und Schwindelfreiheit nötig – auch mittelerfahrene Bergsteiger nehmen hier gerne ein Seil zur Hilfe) und einem markanten Sprung über steilem Abgrund, ehe man die Vordere Brandjochspitze (2559 m)

erreicht. Von hier östlich hinunter zum Frau Hitt-Sattel und den Weg geradeaus bergab und an der Weggabelung links zur Seegrube oder direkt über den Schmidhubersteig zur Station Seegrube (1905m).

Einfache Alternative: Berglauf Seegrubensteig direkt unterhalb der Nordkettenbahn ab Hungerburg bis Seegrube. Oder ab Achselboden direkt bis Seegrube.

Fototipps

Der markante Sprung kurz vor der Vorderen Brandjochspitze ist das bekannte Spezial-Motiv dieser Tour. Generell ist die Tour sehr fotogen mit den dem steilen Tiefblick auf Innsbruck und später ins Karwendel. Weitwinkelobjektiv nicht vergessen.

Innsbrucker Klettersteig

Gratwanderung - Der schönste Klettersteig der Ostalpen.

Hoch über den Dächern von Innsbruck befindet sich am Grat der Nordkette der Innsbruck Klettersteig. Wie auf Messers Schneide lässt sich der wohl schönste Klettersteig der Ostalpen luftig, aber sicher durchklettern. Ist die erste Hürde gemeistert, warten drei bis fünf Stunden feinster Klettersteig mit der wohl besten Aussicht Innsbrucks darauf, entdeckt zu werden

Via Ferrata-Fans lieben die grandiosen Ausblicke ins Inntal und ins Karwendel, Anfänger den technisch einfachen Steig entlang des Kamms mit schönen Rastplätzen. Mit der Seilbahn ist man in einer halben Stunde vom Stadtzentrum auf 2000hm und weiteren zehn Minuten zu Fuß in einem der schönsten Klettersteige der Nordalpen.

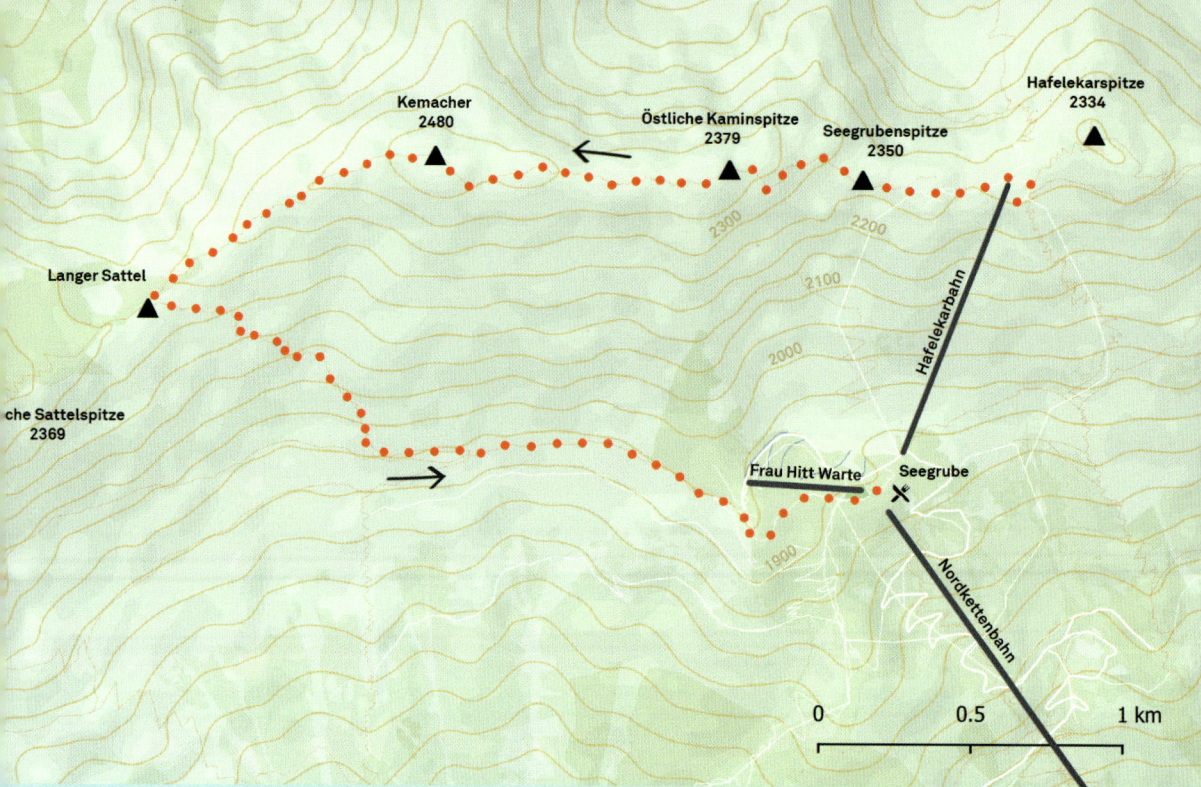

Schwierigkeit ● ● ● ● ●

Anreise Öffentliche Verkehrsmittel
Vom Stadtzentrum in Innsbruck (bspw. Halte-stelle "Marktplatz") mit dem Bus J Richtung "Nordkette" bis zur Haltestelle "Hungerburg". Alternativ mit der Hungerburgbahn ab "Inns-bruck Congress".

Dauer
6ca. 5-7h, 9,3km

Aufstieg/Abstieg
500hm / 640hm

Höchster/Tiefster Punkt
1905m / 2445m

Start/Ziel
Nordkettenbahn Talstation (Hungerburg) (Koordinaten: geogr. 47.286007, 11.399138)

Einkehrmöglichkeiten
Seegrube

Tipp
Öffnungszeiten der Gondel beachten!

Besondere Gefahren
Komplette Klettersteigausrüstung empfohlen bzw. notwendig (Helm, Klettersteigset, Hand-schuhe, Schuhe mit gutem halt und Profil), Trittsicherheit und Schwindelfreiheit notwen-dig. Leihausrüstung z.B. Alpenverein Innsbruck, Naturfreunde Innsbruck.

Bergsteigen

Wegbeschreibung

Nach der Bergfahrt mit der Gondel von der Bergstation Hafelekar den Grat nach links (Westen) ca. zehn Minuten bis zur Geier Wally-Hütte gehen. Der Klettersteig beginnt hinter der Hütte am markanten Felsen. Der Einstieg ist gut markiert und stellt mit der steilen, fast senkrechten Leiter gleich eine erste Herausforderung dar.

Der Klettersteig folgt dem Grat stets Richtung Westen über Seegrubenspitze, die Kaminspitzen und Kemacher. Es dauert etwa drei Stunden bis zum ersten flachen grasigen Abschnitt, dem langen Sattel. Bis hier ist der Steig fast durchgehend versichert. Am langen Sattel kann man sich entscheiden: ins Tal absteigen oder dem Klettersteig folgen. Die hier beschriebene Tour beendet den Klettersteig hier und man tritt den Kärntnersteig bergab an. Auf rund 1900m Höhe trifft man auf einen Wanderweg und folgt diesem in östlicher Richtung (links) zurück bis zur Station Seegrube. Per Gondel bergab ins Tal.

Alternative

Ab dem Langen Sattel kann man den Klettersteig weitere ungefähr zwei Stunden weitergehen. Hierzu weiter stets dem Kamm entlang dem Wanderweg nun bis zur westlichen Sattelspitze folgen. Ab hier nun wieder seilversichert bis zum zweiten markanten Einschnitt, dem Frau Hitt-Sattel. Hier nun linker Hand (südlich) den Schmidhubersteig absteigen und zurück zur Station Seegrube.

Fototipps

Der gesamte Klettersteig ist ein wahres Fotoparadies. Besonders schön sind Aufstieg mit Blick nach Innsbruck (das Coverbild ist so entstanden), sowie der nordseitige Kessel mit Blick Richtung Zugspitze / Deutschland am Langen Sattel.

Die Hängebrücke im zweiten Teil, die so genannte „Seufzerbrücke", ist ein besonders beliebter Fotospot. Tipp: Beim Fotografieren die Zeit nicht vergessen: Wer die letzte Gondel verpasst, wird mit zusätzlichen 1400 Höhenmetern Talmarsch bergab gefordert.

Kalkkögel-Klettersteig

In der Brenta Nordtirols – der Lustige Bergler Steig.

Der Lustige Bergler Steig erinnert mit seinen traditionellen Klettersteigen an die Südalpen – und wird deshalb oft die "Kleine Brenta in Tirol" genannt.

Vergleichbar mit den Türmen und Bändern in den Brenta-Dolomiten in Italien schlängelt sich dieser Klettersteig zu einem Gipfel-Dreierlei. Wenn auch deutlich weniger mächtig, so ist die Charakteristik nicht von der Hand zu weisen: die steilen Felsbänder und die vielen spitzen Felsnadeln sind Garant für eine abwechslungsreiche, einfache Kletterei.

Der Verein „Lustige Bergler" hat diesen wunderbaren Steig über den östlichen Teil der kleinen Kalkkögel-Gruppe erschlossen. Der Steig umrahmt den Zentralen Widdersberg und führt insgesamt über drei Gipfel. Vor allem das Band um den Turm im Mittelteil und die vielen Felsnadeln erinnern an die großen klassischen Klettersteige der Brenta. Doch muss man hier nicht sonderlich weit reisen: Für diesen illustren Steig genügt eine 40-minütige Busfahrt zur Axamer Lizum: schon geht es in die Mini-Brenta von Innsbruck.

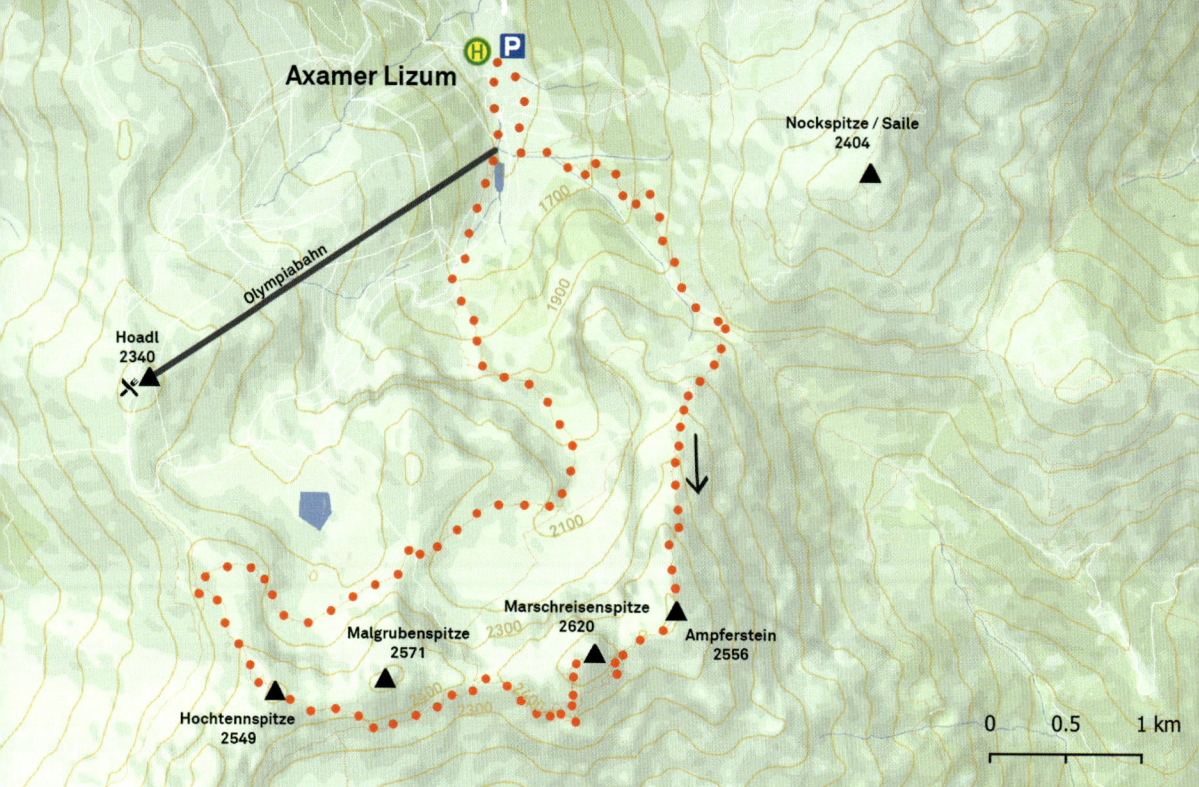

Axamer Lizum

Nockspitze / Saile
2404

Hoadl
2340

Olympiabahn

1700
1900
2100

Marschreisenspitze
2620

Malgrubenspitze
2571

Ampferstein
2556

Hochtennspitze
2549

2300
2400

0   0.5   1 km

Schwierigkeit ●●●●○

Anreise Öffentliche Verkehrsmittel
Mit dem Bus 4162 vom Zentrum in Innsbruck bis
zur Talstation der Axamer Lizum.

Dauer
7h, 13,5km

Aufstieg/Abstieg
1510hm / 1510hm

Höchster/Tiefster Punkt
2620m / 1553m

Start/Ziel
Parkplatz Axamer Lizum
(Koordinaten: geogr. 47.195724, 11.302511)

Beste Jahreszeit
Juni bis Oktober

Tipps
Mit ausreichend Trittsicherheit und Erfahrung ist
ein Klettersteig-Set nicht zwingend notwendig.

Besondere Gefahren
Absturzgefahr insb. bei Altschneefeldern im
Frühsommer (evtl. Steigeisen oder ähnliches
Mitführen).

Wegbeschreibung

Der Zustieg des Klettersteigs beginnt am Parkplatz des Skigebiets Axamer Lizum. Durch die Talstation des Skigebiets gehen und auf der Skipiste bzw. Wiese links bergauf entlang eines kleinen Walls Richtung Birgitzköpflhaus / Halsl. An der Weggabelung am Waldrand rechts halten und bis zum Halsl ansteigen. Am Halsl-Sattel rechts abbiegen und steil in Spitzkehren Richtung Ampferstein (2556m) steigen.

Sobald das Gelände schroffer wird, beginnen die ersten Versicherungen. Meist finden sich ein Stahlseil zur Sicherung und vereinzelte Klammern. Grundsätzlich ist es aber kein durchgehender Klettersteig, sondern eher versicherte Einzelstellen.

Der erste Hochpunkt ist der Ampferstein. Von dort geht es in eine Scharte und über einen breiten Grat zum nächsten Gipfel. Nach einem engen Durchschlupf und einer weiteren Rinne führt der Weg gestuft auf die Marchreisenspitze. Hier sind die schwierigen Stellen geschafft und man folgt weiter dem Weg zur Malgrubenscharte (Abstiegsmöglichkeit ins Lizumer Kar).

Südlich an der Malgrubenspitze vorbei führt der letzte Wegabschnitt zur Hochtennspitze. Der Abstieg geht über den Sattel steil in Richtung Hoadlsattel bzw. Berggstation Hoadl. Vor dem Sattel hat man die Möglichkeit, rechts über Hochtennboden, Widdersbergsattel und das Lizumer Kar zurück zum Ausgangspunkt zu gehen. Diese Variante ist landschaftlich eindrucksvoll und ruhig, da sie nicht unmittelbar durch das Skigebiet führt. Wer etwas gehfauler ist, kann auch über den Hoadlsattel kurz zur Bergstation Hoadl aufsteigen und den restlichen Rückweg in der Bergbahn bewältigen.

Alternative

Bei Zustieg über die Kemater Alm ergibt sich eine schöne, einsamere Wanderung mit anschließender Gipfelferrata.

Wer die Tour in entgegengesetzter Richtung geht und mit dem ÖN anreist, kann seine Tour über die Nockspitze bis Innsbruck oder über den Hohen Burgstall bis ins Stubaital individuell verlängern.

Fototipps

Die Kalkkögel sind von fern wie auch von nah ein echter Blickfang. Der Ausblick ins Stubaital, Inntal und Richtung Innsbruck über die Nockspitze ist hier oben besonders eindrucksvoll. Beim Fotografieren der Kletteraction bitte auch an die eigene Sicherheit und die Sicherung des Materials denken.

Klettern

Klettergärten, Boulderspots und Kletterhalle.

Klettern in Innsbruck: Das sind so viele Möglichkeiten bei tausenden von Routen. Die Climber's City bietet vielfältige Klettermöglichkeiten für alle Könnensstufen. Binnen weniger Minuten geht es vom Stadtzentrum zu Klettersteigen, Klettergärten, Kletterzentren und vielem mehr. Die Haupt-Klettergebiete sind zum einen die mächtigen Kalkalpen im Norden und zum anderen die fast unzähligen hochalpinen Gipfel am Hauptkamm.

Die klassischen Klettergebiete rund um Innsbruck, wie die Ehnbachklamm oder die Martinswand weisen je mehr als 100 gewartete Routen auf und ziehen sowohl Einsteiger als auch erfahrene Kletterer immer wieder an. Dazu addieren sich die Möglichkeiten in den benachbarten Regionen und Tälern zu einem kletterbaren Routenpottpourri, dass wohl niemand in seinem irdischen Leben alle schaffen kann.

Die besten und beliebtesten gesicherten Klettergebiete sind hier daher kurz portraitiert. Alpine Kletterer lassen sich von den Ausblicken inspirieren und suchen sich ihre Abenteuer und Ziele je nach Gusto selbst.

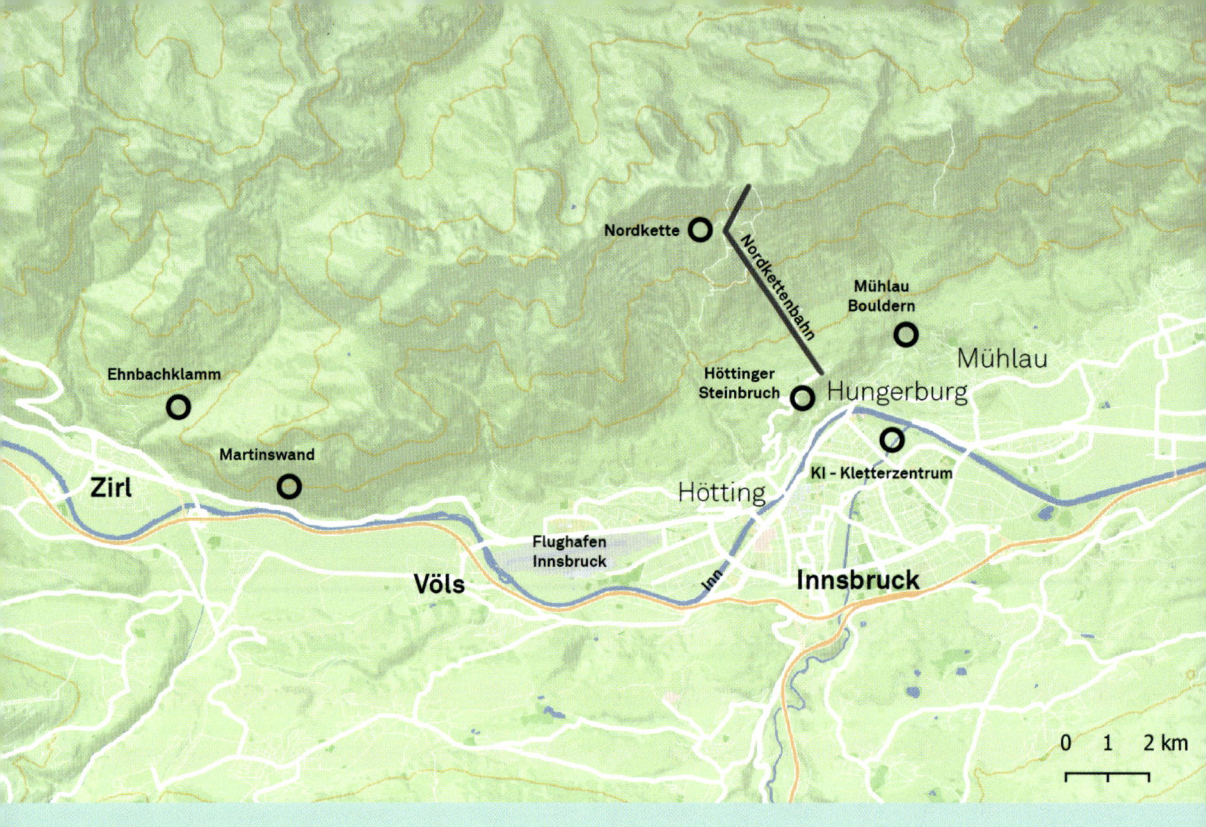

Schwierigkeit ● ● ○ ○ ○

Anreise Öffentliche Verkehrsmittel
Viele der beliebten Ziele sind auch mit den Öffentlichen Verkehrsmitteln gut erreichbar.

Start / Ziel
Ehnbachklamm (Koord. 47.276161,11.251727)

Besondere Gefahren
Absturzgefahr Steinschlaggefahr! Bitte immer die nötigen Sicherheitsvorkehrungen mit Sorgfalt einhalten und selbstverantwortlich prüfen.

Sportklettergärten

Ehnbachklamm

Das große Sportklettergebiet in der Ehnbachklamm oberhalb von Zirl verspricht Klettergenuss in allen Schwierigkeitsgraden. Die über 100 Routen, aufgeteilt auf mehrere Sektoren, bieten genügend Auswahl in den unteren Schwierigkeitsbereichen für Anfänger, aber auch knifflige

Touren für ambitionierte Kletterer – und werden regelmäßig gewartet. Die Klamm ist mit der Bahn ab der Station Hochzirl leicht zu erreichen und dennoch sehr ruhig und naturbelassen. An heißen Sommertagen kann der kalte Bergbach wunderbar zur Erfrischung der Sportler beitragen.

Martinswand (mehrere)

Das Eldorado für Outdoor-Kletterer schlechthin: Unzählige Routen sorgen an der Martinswand für Klettervergnügen der Extraklasse. Durch die südseitige Ausrichtung kann sogar an trockenen Wintertagen geklettert werden. Vom geschichtsträchtigen Klettergarten Dschungelbuch über die Galerie, die Schleicherplatte und die Grottenwegwand – hier werden Anfänger und Profis gleichermaßen glücklich.

Geklettert wird auch hier seit vielen Jahrzehnten, zuerst die Risslinien durch die Hauptwand und später vermehrt die Klettergärten am Wandfuß. Dschungelbuch, Wunderbare Welt oder Galerie – Sonne bekommen die Routen hier viel ab. An warmen Sommertagen wählt man vielleicht besser die Morgenstunden. Die Kletterei ist meist eher technisch, gutes Schuhwerk ist von Vorteil. Klettersteig, leichte Plaisier-Mehrseillängen oder High-End-Sportkletterrouten – die Martinswand ist eine Tiroler Kletterinstitution.

Schwierigkeit ● ● ● ○ ○

Ort
Martinswand (Koord. 47.267975,11.278646)

Tipp
Meist ganzjährig kletterbar. An heißen, sonnigen Sommertagen besser meiden.

Nordkette (mehrere)

Ein abenteuerlich hängender Kletterer hoch über einer Stadtaussicht hängend? Ein Werbebild, das Innsbruck bereits seit Jahrzehnten gezielt und gekonnt einsetzt. Ob am sagenumwobenen Sonnendeck (nähe Höttinger Alm), der 2018 errichteten Kletterarena an der Seegrube oder an den vielen Steilfelsen an der Nordkette, Kletterer kommen hier auf ihre vollen Kosten – die Aussicht gibt es gratis dazu.

Schwierigkeit ● ● ● ○ ○

Ort
Nordkette (Koord. 47.310387,11.375742)

Tipp
An heißen, sommerlichen Sonnentagen die Mittagszeit eher meiden.

Bergsteigen

Kletterzentrum

Natürlich darf in einer Stadt, die umringt von Bergen und Felsen ist, kein Kletterzentrum- und Kletterhalle fehlen. Im erst 2017 errichteten neuen Kletterzentrum Innsbruck trainieren nicht nur Jedermann und Jederfrau. Auch auch der ein oder andere Weltstar des Klettersports bereitet sich hier auf Wettkämpfe und Expeditionen vor. Reini Scherer, Alpinist, Erstbegeher von vielen Hundert Alpinrouten im Raum Tirol und Geschäftsführer der Kletterhalle trainiert hier die Kletterspezialisten und die, die es mal werden wollen. An den seltenen Regentagen oder auch nur für eine schnelle Sporteinheit oder zum Sozialisieren ist das „KI" das Zentrum der Kletterwelt in den Nordalpen.

Schwierigkeit   ○ ○ ○ ○

Ort
Kletterzentrum
(Koord. 47.276405,11.413025)

Fototipps
Nah ran, auch mal von oben fotografieren wirkt beim Klettern oft am interessantesten. Wichtig ist das Thema Sicherung. Wir empfehlen eine separate Sicherung des Fotografen und jeweils die wichtigen Ausrüstungsgegenstände gegen Runterfallen zusätzlich zu sichern. Besonders spannend sind die Talperspektiven am Sonnendeck und Kletterarena Seegrube.

Bouldern

Höttinger Steinbruch (Bouldern)
Es gibt wohl keinen Sportkletterer in und um Innsbruck, der nicht wenigstens einmal dem Höttinger Steinbruch einen Besuch abgestattet hat. Man klettert hier an dem rötlichen Gestein Brekzie. Die zentrale Lage, quasi direkt an der Straße und unweit einer Bushaltestelle, und die große Auswahl an Routen im unteren und mittleren Schwierigkeitsgrad sorgen für eine hohe Frequenz an Outdoor-Kletterern. Der Fels ist an den beliebtesten Routen dementsprechend abgegriffen und poliert.

Mühlau
Oberhalb des Stadtteils Mühlau finden sich, nicht ganz offensichtlich und nicht immer leicht zu erreichen, rechts und links des Klammbachs einige Boulderspots.

Schwierigkeit   ○ ○ ○

Ort
Höttinger Steinbruch
(Koord. 47.282038,11.394335)

Informationen
Buchempfehlungen: "Sportklettern Innsbruck" von Günter Durner und Werner Gürtler sowie "Tirol – Sportklettern in Nordtirol" von Michael Meisl.

Wilder Freiger – Becherhaus

Anspruchsvolle Bergtour – nur mit visuellem Gletscherkontakt.

Eine eisfreie Bergtour mit einem der wohl schönsten Ausblicke der Ostalpen. Die durchaus anspruchsvolle Bergtour in den Stubaier Alpen zum Becherhaus (3195m) und über den Wilden Freigers (3418m) ist eine echte hochalpine Genusstour. Auf recht humanen Bergpfaden, mit nur wenigen Seilsicherungen und seit wenigen Jahren auch eisfrei ist das Hauptziel das Becherhaus.

Wie ein Adlerhorst trohnt die Hütte des italienischen Alpenvereins über dem Übeltalferner-Becken und ruht inmitten dieser atemberaubenden hochalpinen Landschaft. Die Umgebung lädt ein, von hier ausn hier aus die langsam schwindenden Gletscher noch zu begehen.

Diverse Hüttentouren enden oder verlaufen hier am Alpenhauptkamm. Auch die weitere Landschaft beeindruckt: Entlang des Weges finden sich saftige, alpine Hochebenen mit wilden Flussläufen und eine fast unberührte und intakte hochalpine Natur.

Die Tour ist prinzipiell an einem Tag schaffbar. Empfehlenswert ist es allerdings, sich zwei bis sieben Tage Zeit zu lassen – und eventuell noch alternative Touren über weitere alpine Hütten auszukundschaften.

Schwierigkeit ● ● ● ○ ○

Anreise Öffentliche Verkehrsmittel
Mit dem Bus 590 von Innsbruck bis zur Haltestelle "Sulzenauhütte". Retour nach Innsbruck
von der Haltestelle "Nürnberger Hütte".

Dauer
12h, 25,5km

Aufstieg/Abstieg
2160hm / 237hm

Höchster/Tiefster Punkt
3418m / 1365m

Start/Ziel
Stubaier Gletscherstraße Haltestelle Neustift
im Stubai – Sulzenauhütte
(Koordinaten: geogr. 47.015288,11.181024)

Beste Jahreszeit
Juli bis September

Einkehrmöglichkeiten
• Sulzenaualm
• Nürnberger-Hütte
• Tschangelairalm

Besondere Gefahren
Auch im Sommer finden sich oft Schneefelder im
hochalpinen Bereich. Absturzgefahr!

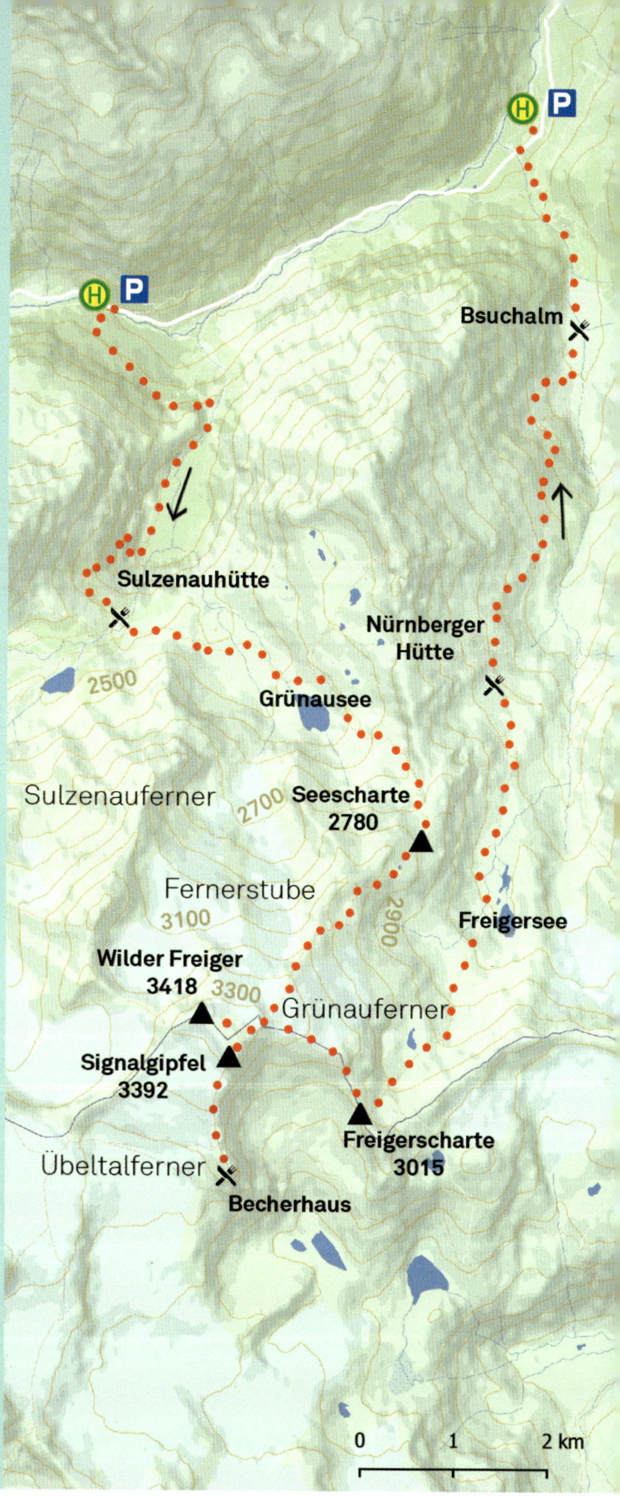

Bsuchalm

Sulzenauhütte

Nürnberger
Hütte

Grünausee

Sulzenauferner

Seescharte
2780

Freigersee

Fernerstube
3100

2900

Wilder Freiger
3418

3300

Grünauferner

Signalgipfel
3392

Freigerscharte
3015

Übeltalferner

Becherhaus

0   1   2 km

Wegbeschreibung

Startpunkt ist an der Stubaier Gletscherstraße Haltestelle Neustift im Stubai – Sulzenauhütte. Es geht direkt über eine Brücke und
sogleich rechts einen wunderbaren Waldwan-
derweg bergauf. Nach einigen Spitzkehren den
Hang queren bis man das wunderbare Sulzenau-
Hochtal erreicht. Rechts haltend den Wanderweg
zur Sulzenau-Hütte (2191m) und bis zu ihr bergauf. Von hier östlich traversieren zum Grünausee (2330m) und entlang der Gletschermoräne
bergauf bis zur Seescharte (2780m).

Ab hier liegt im Sommer oft noch Schnee, der
Gletscher ist aber bereits vollständig zurückge-
wichen. Einige Steinfelder / Schneefelder queren und am flachen Rücken entlang bis kurz vor
dem Signalgipfel (3392m). Schließlich rechts den
etwas ausgesetzten und felsigen Grat zum Wilden Freiger (3418m). Die Strecke zum Signalgipfel wieder zurück und rechts den Grat hinab zum
markant am Grat liegenden Becherhaus (Rifugio
Gino Biasi al Bicchiere, 3195m).

Den Weg zum Signalgipfel wieder zurück und
hier nun entweder den gleichen Weg zurück bis
zur Seescharte oder je nach Bedingungen und
alpinem Erkundungsdrang – diese Strecke ist
kaum markiert und führt teils über Gletscher-
reste – rechts halten und über die Freigerscharte / Roter Grat (309 m) und über den Freiger
See (2490m) zur Nürnberger-Hütte (2278m). Von
hier entlang der Materialseilbahn stets bergab
zur Bsuchalm (1580m) im Langental. Hier nun
der Fahrstraße bzw. den Wegmarkierungen stets
bergab bis ins Tal zurück zur Stubaier Gletscherstraße. Die Bushaltestelle Neustift im Stubaital Abzweigung Nürnberger Hütte befindet sich
etwas talsauswärts in der Nähe eines größeren
Parkplatzes für den „Wilde-Wasser-Weg".

Fototipps

Das Highlight dieser Tour ist die Lage des
Becherhauses. Wie ein Adlerhorst klebt es auf
dem hochalpinen Berggrat und scheint über dem

Übeltalferner zu schweben. Das obere Sulze-
nautal ist noch fast ursprünglich belassen und
geizt nicht mit hochalpinen natürlichen Reizen.
Saftiges Gras und wilde Bachläufe zieren das Tal
und sind insbesondere aus der von uns zu erwan-
dernden Vogelperspektive ein echter Blickfang.

WANDERN

„Nur wo du zu Fuß warst, bist
du auch wirklich gewesen."

JOHANN WOLFGANG VON GOETHE

Kalkkögelblick – Salfeins

Genussvolle Wanderung mit atemberaubendem Blick auf die Dolomiten Nordtirols.

Herrliche Wanderung zum berühmten Österreich-Fotospot mit dem berühmten Blick zu den Kalkkögeln. Auf einfachen, aber wundervollen und ruhigen Bergwanderwegen geht es durch Wälder und Almwiesen. Der malerisch gelegene und bekannte Fotospot Salfeinssee – eine an sich recht unscheinbare alpine Lacke – lädt zum Verweilen ein.

Der Blick bei der Wanderung schweift immer wieder hin zu den massiven Kalkkögeln – nicht nur zufällig sehen sie wie das kleine Geschwisterchen der Dolomiten aus. Das Gestein ist ein Ausläufer der bekannten Dolomiten. Auf dem Weg zur Kemater Alm erhascht man wunderbare Blicke ins Senderstal hin zur Alm und den steilen Felstürmen.

Schwierigkeit ● ● ● ○ ○

Anreise Öffentliche Verkehrsmittel
Von Innsbruck mit dem Bus Richtung Grinzens
bis zur Haltestelle "Abzw Kemater Alm".

Dauer
ca. 6h, 16km

Aufstieg/Abstieg
1150hm / 1150hm

Höchster/Tiefster Punkt
2000m / 960m

Start/Ziel
Haltestelle Grinzens / Kemater Alm

Beste Jahreszeit
Mai bis Oktober

Einkehrmöglichkeiten
Kemater Alm

Tipps
Das Campen / Zelten ist auch hier verboten!

Besondere Gefahren
Keine

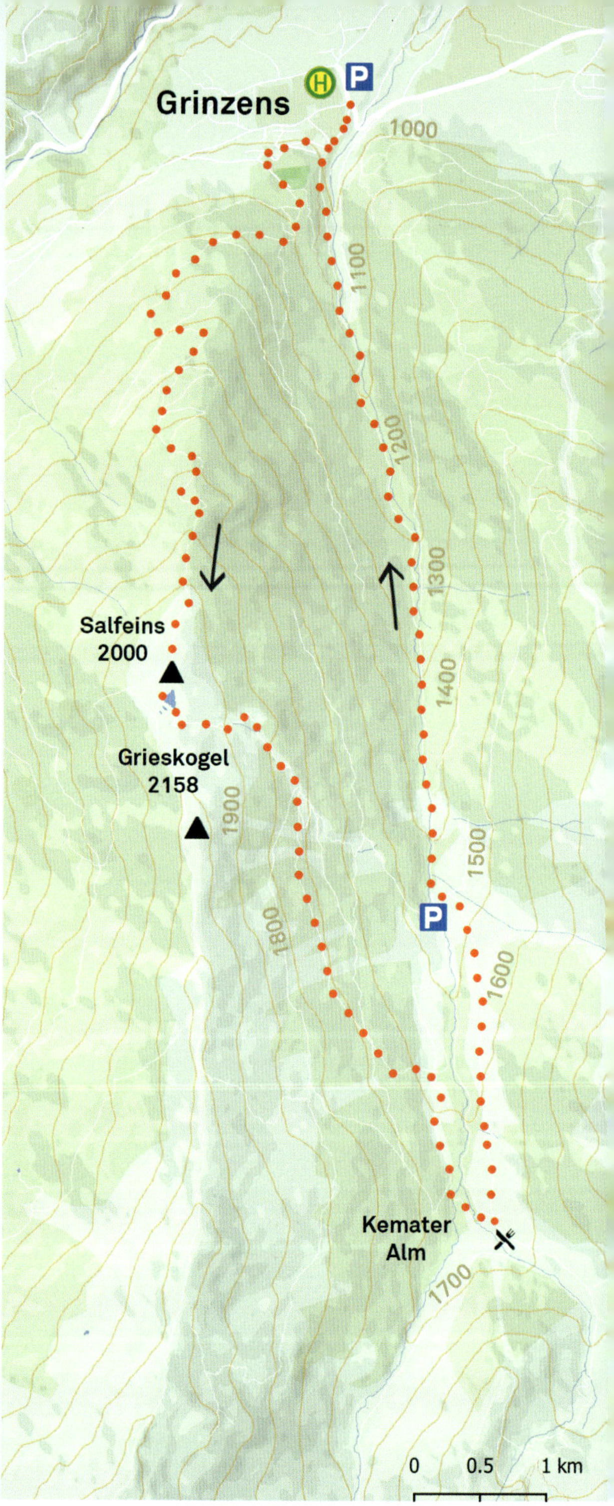

Wandern

Wegbeschreibung

Von der Haltestelle Grinzens / Kemater Alm der Straße bergauf zur Kemater Alm, nach rund 300m rechts Richtung Sportplatz und die zweite Möglichkeit links bergauf zum Sportplatz. Hier zunächst über die Forststraße, später Wanderweg stets bergauf bis Salfeins (2000m).

An der Lacke rechterhand vorbei und bergab den Wanderweg Richtung Salfeiner Alm / Kemater Alm nehmen. An der Kreuzung Forststraße oder Wanderweg je nach Gusto stets der Beschilderung zur Kemater Alm folgen. Von der Kemater Alm dem Fahrweg zurück ins Tal zum Ausgangspunkt.

Kürzere Alternative: Mit dem Auto über Grinzens bis zum Parkplatz Kemater Alm (Mautstraße), von hier auf rund 1400m nach Salfeins und weiter über Kemater Alm zurück zum Parkplatz.

Fototipps

Direkt am Salfeinssee mit den Kalkkögeln im Hintergrund. Der See an sich ist recht klein, daher am besten tief aus der „Froschperspektive" fotografieren – idealerweise zu Sonnenuntergang, wenn die Kalkkögel erleuchtet werden (Taschenlampe für den Weg bergab nicht vergessen). Bei längerer Trockenheit kann der See auch austrocknen, die beste Zeit für perfekte Shots ist daher Juni / Juli.

Auf dem Weg bergab zur Kemater Alm sind vereinzelt Blicke zur Almhütte zu erhaschen. Dahinter türmen sich die Kalkkögel auf – ein beeindruckendes Motiv, das den Vergleich mit den berühmten Dolomiten-Fotolocations nicht scheuen muss. Ein Teleobjektiv ist hier empfehlenswert.

Nockspitze – Sonnenaufgangstour

Die schönste Sonnenaufgangswanderung über Innsbruck.

Die Nockspitze (auch Saile genannt) auf 2404 Höhenmetern gilt als einer der schönsten Sonnenaufgangsspots in Tirol. Die Nockspitze hat eine geradezu faszinierende Ausstrahlung. Fast aus der gesamten Innsbrucker Innenstadt ist die steile Nordflanke der Nockspitze zu sehen. Nicht selten erwischt man sich, durch die Stadt schlendernd, beim Gedanken daran, hier hinauf zu pilgern - auch weil man schon oft auf diesem Gipfel stand.

Dank der guten Erreichbarkeit ist die Tour zum Gipfel eine der schönsten und beliebtesten Halbtages- bis Tageswanderungen bei Innsbruckern. Wer einmal die Sonne über Innsbruck aufgehen sehen will, sollte diesen Berg als sein Ziel wählen. Das flache Gipfelplateau lädt zum Verweilen und Genießen ein. Die Sonne geht im Sommer direkt über dem Inntal auf.

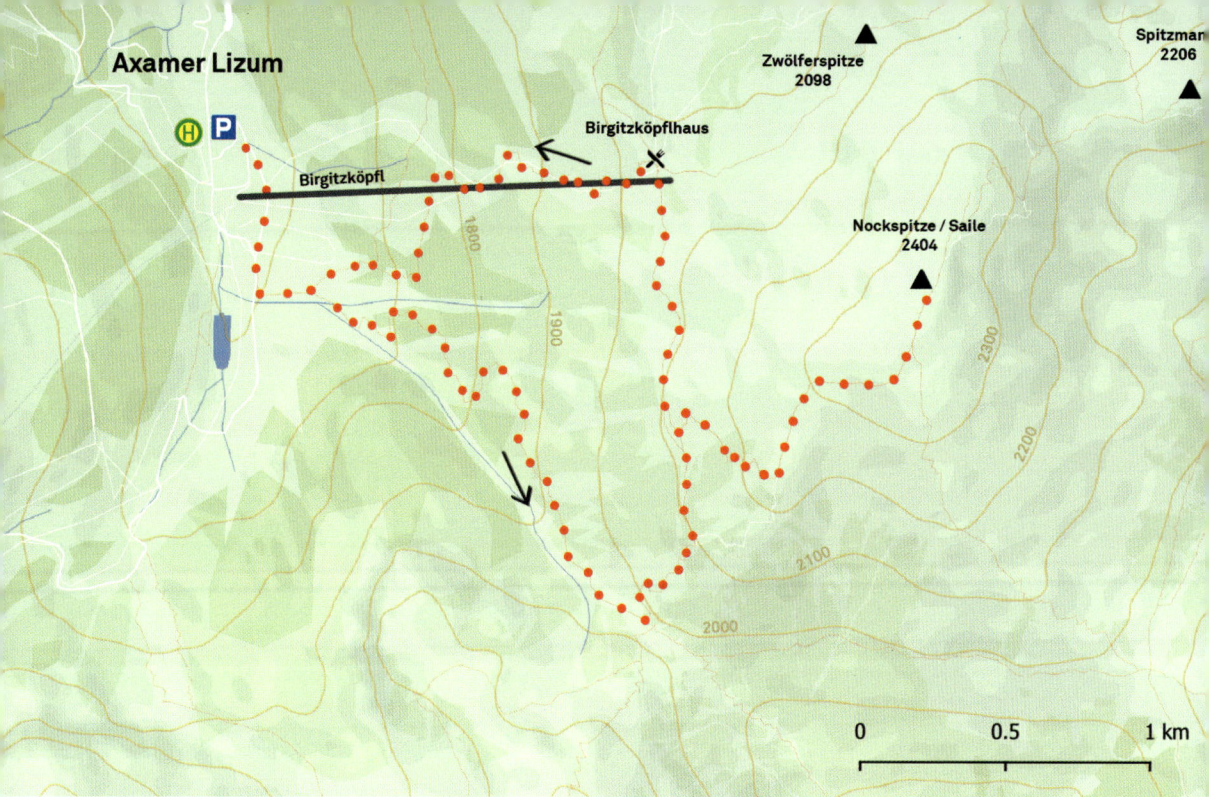

Schwierigkeit ● ● ● ○ ○

Anreise Öffentliche Verkehrsmittel
Mit dem Bus 4162 vom Zentrum in Innsbruck bis
zur Talstation der Axamer Lizum.

Dauer
3,5h, 7,5km

Aufstieg/Abstieg
835hm/835hm

Höchster/Tiefster Punkt
2404m/1570m

Start/Ziel
Parkplatz Skigebiet Axamer Lizum
(Koordinaten: geogr. 47.195173, 11.303199)

Beste Jahreszeit
Juni bis Oktober

Einkehrmöglichkeiten
Birgitzköpflhaus

Wegbeschreibung

Vom Parkplatz Axamer Lizum (1564m) einen der zwei Wege bergauf. Nach 300m links bergauf dem Wegweiser Richtung Nockspitze / Birgitzköpflhaus folgen. Unter dem Sessellift bis zum Birgitzköpflhaus (2035m), hier rechts der Beschilderung Richtung Nockspitze / Saile den Hang aufsteigen. An der Wegkreuzung schließlich links steil bergauf und dem Weg bis zum Gipfel (2404m) entlang aufsteigen. Zurück den gleichen Weg oder schöner an der letzten Wegabzweigung links bergab über Halsl bis zum Parkplatz.

Fototipps

Für den Sonnenaufgang an der Nockspitze mit Blick über Innsbruck empfehlen wir ein Standard-Objektiv. So kannst du den sonnenbeschienenen Vorgipfel mit Innsbruck und dem Inntal auf einem Bild einfangen. Außerdem ist der Sonnenuntergang mit Blick in Richtung zu den markanten Kalkkögeln spannend.

 Am Birgitzköpflhaus kann übernachtet werden. Damit ist der Zustieg für die Sonnenaufgangstour praktisch verkürzt. Eine Übernachtung hier ist notwendig, wenn du per Bus anreist und den Sonnenaufgang sehen möchtest.

Goetheweg – Pfeis-Hütte

Auf des Dichters spuren – für Schwindelfreie.

Der Goetheweg ist zweifelsohne der schönste und aussichtsreichste Weg mit direktem Anschluss an die Innsbrucker City. In nur 30 Minuten vom Shopping rein ins alpine Abenteuer! Plötzlich ist man in der ruhigen Natur, der Wind pfeift um die Ohren – auf der einen Seite hält man sich am Fels fest, auf der andere gähnt der tiefe Abgrund 1600 Höhenmeter bis zum Inn hinunter.

Der Goetheweg begeistert Alpinisten und Wanderer zugleich. Der Weg entlang den steilen Flanken der Nordkette ist technisch einfach und relativ höhenmeterarm angelegt. An wenigen Stellen geht man seilversichert. Dabei ist es oft breit genug, sodass oft auch zwei Personen nebeneinander gehen könnten – schwindelfrei sollte man jedenfalls sein.

Tipp: In der Pfeis-Hütte übernachten und eine weitere Bergtour im Karwendel anschließen.

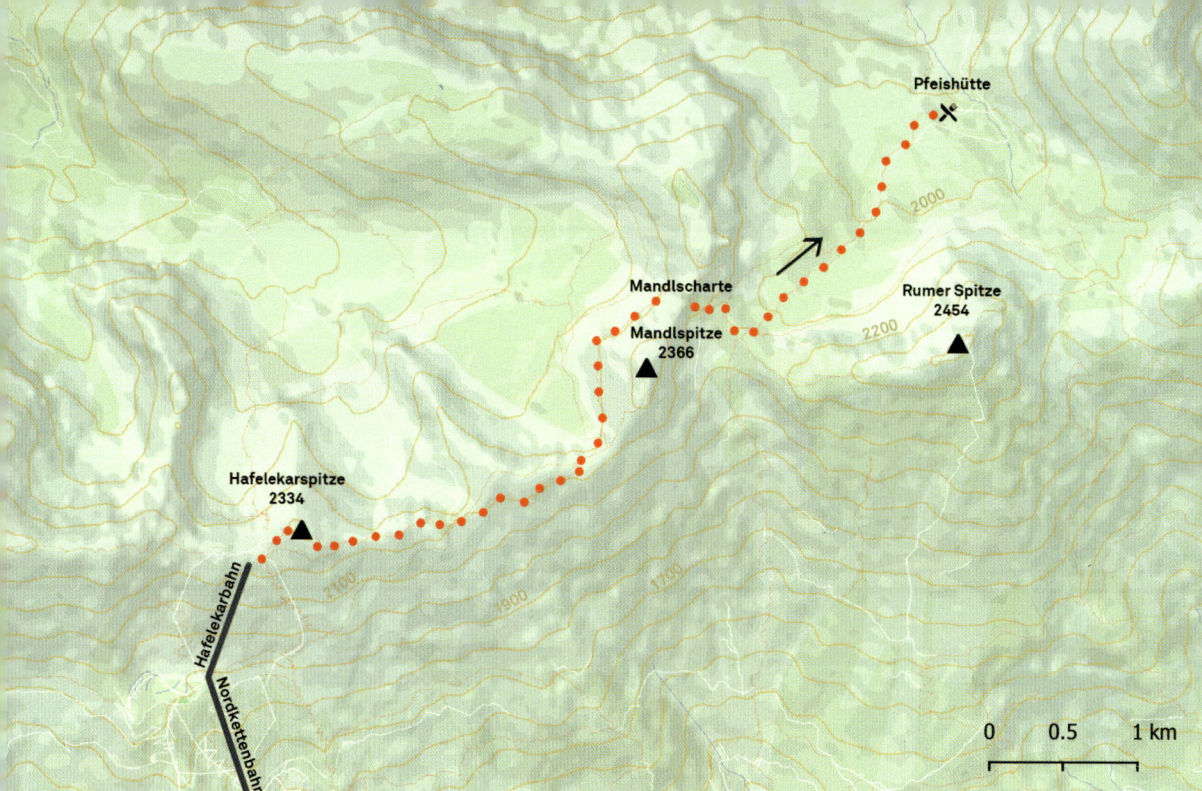

Schwierigkeit ● ● ● ○ ○

Anreise Öffentliche Verkehrsmittel
Vom Stadtzentrum in Innsbruck (bspw. Halte-
stelle "Marktplatz") mit dem Bus J Richtung
"Nordkette" bis zur Haltestelle "Hungerburg".
Alternativ mit der Hungerburgbahn ab "Inns-
bruck Congress".

Dauer
4h, 11km

Aufstieg/Abstieg
520hm/520hm

Höchster/Tiefster Punkt
2276m/1923m

Start/Ziel
Nordkettenbahn Talstation (Hungerburg)
(Koordinaten: geogr. 47.286007, 11.399138)

Beste Jahreszeit
Juni bis Oktober

Einkehrmöglichkeiten
Pfeis-Hütte

Besondere Gefahren
Absturzgefahr, Trittsicherheit und Schwindelfreiheit notwendig.

Wegbeschreibung

Von der Bergstation der Nordkettenbahn – Hafelekar – einige Schritte bergauf und gleich rechts
in den markanten Wanderweg einbiegen, der
die steile Bergflanke unter der Hafelekarspitze
durchschneidet. Stets dem Wanderweg folgen
(Vorsicht: Weg breit und teils gesichert, dennoch
Absturzgefahr).

Dieser biegt, die Höhe haltend, etwas nach links
und auf die Nordseite des Bergkamms, bevor es
einen kurzen steilen Stich bergauf zur Mandlscharte geht. Ab hier bergab zur weithin sichtbaren Pfeis-Hütte . Zurück den gleichen Weg.
Sinnvoll ist es, am Gleirschjöchl links bergab zu
biegen und den Steig zur Seegrube zu nehmen
(nicht beschildert aber markiert).

Alternative für Bergerfahrene

Von der Pfeis-Hütte zurück und Richtung Arzler
Scharte. Hier die Schotterreißn (steiles Schotter-
feld) hinunterrennen. Später dem Wanderweg
Richtung Rumer Alm folgen. An der Rumer Alm
weiter über Arzler Alm bis Hungerburg.

Fototipps

Die gesamte Wanderung ist ein einziger Fotospot! Die besten Spots sind vorm Gleirschjöchl
sowie der Ausblick der Mandlscharte zur Pfeis-
Hütte .

Der Nordkette – Almenweg

Stadtnahes familientaug- liches Almerlebnis mit typi- schen Tiroler Köstlichkeiten.

Nicht weit oberhalb der Stadt und am Fuß der Nordkette gelegen, sind die Innsbrucker Almen ein beliebtes Ausflugsziel für die ganze Fami- lie und auch oft im Winter zu Fuß zu erreichen. Diese einfache Wanderung bietet leichte Wan- derwege und ein stadtnahes Bergerlebnis. Immer wieder gibt der Wald den Talblick bis auf Innsbruck frei. Trotz nur weniger hundert Meter Entfernung ist man hier „am Berg, in der Natur", kann abschalten, die Ruhe genießen und wieder Energie für das umtriebige Stadtleben tanken. Bodenständige und originale Tiroler Küche an der Arzler Alm und eine moderne, zeitgemäße Interpretation traditioneller Hüttenarchitektur an der neuen Umbrüggler Alm runden das alpine Stadterlebnis ab. Für einen kurzen, genussvol- len Spaziergang empfiehlt es sich, nur eine der beiden Almen zu erwandern.

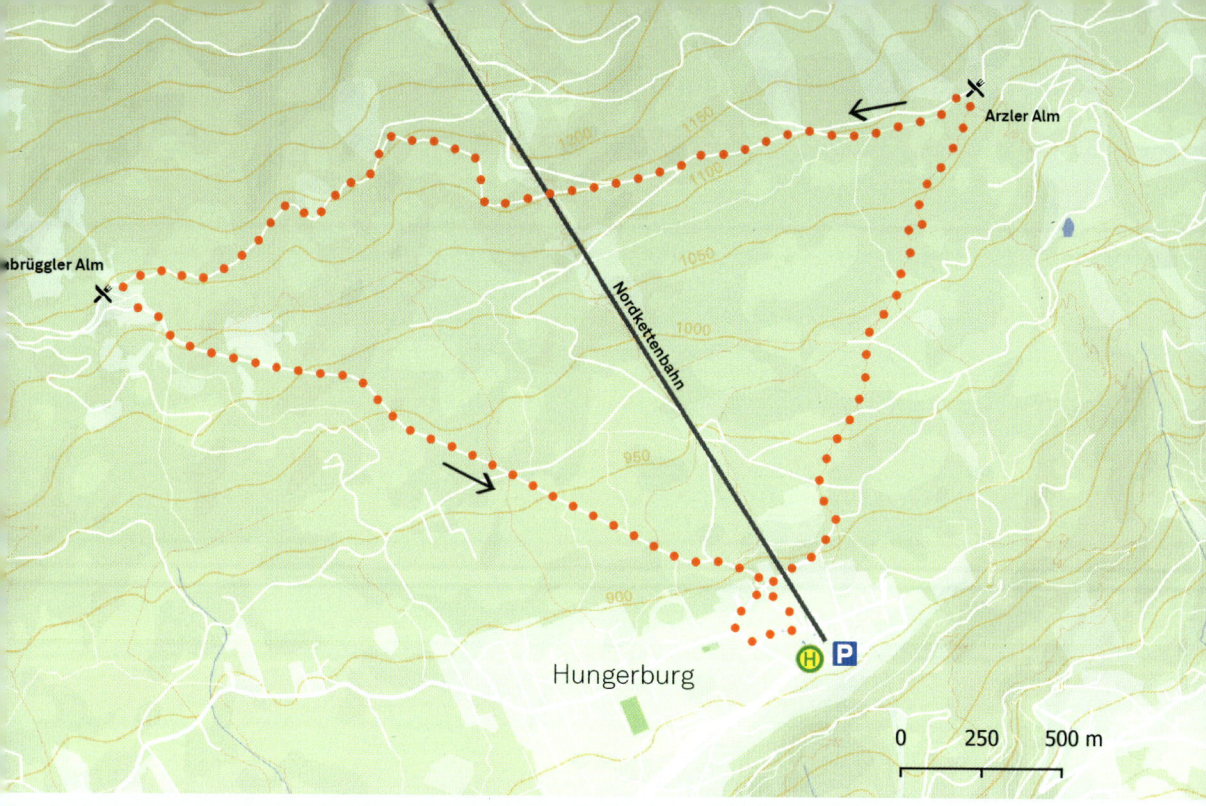

Hungerburg

0   250   500 m

Schwierigkeit ● ○ ○ ○ ○

Anreise Öffentliche Verkehrsmittel
Vom Stadtzentrum in Innsbruck (bspw. Halte-stelle "Marktplatz") mit dem Bus J Richtung "Nordkette" bis zur Haltestelle "Hungerburg". Alternativ mit der Hungerburgbahn ab "Inns-bruck Congress".

Dauer
2h, 5,4km

Aufstieg/Abstieg
330hm / 330hm

Höchster/Tiefster Punkt
1194m / 865m

Start/Ziel
Nordkettenbahn Talstation (Hungerburg)
(Koordinaten: geogr. 47.286007, 11.399138)

Beste Jahreszeit
Mai bis November

Einkehrmöglichkeiten
• Arzler Alm
• Umbrüggler Alm
• Café und Restaurant direkt neben
  Gondelstation

Wegbeschreibung

Vom nördlichen Ende des Parkplatzes der Hungerburg (Talstation Nordkettenbahn, 868m) geht es bergauf und ein paar Meter durch die Häuser. An der Straße (Rosnerweg) nach rechts und nach zirka 200m links die Abzweigung Arzler Alm kurz steil bergauf nehmen. Nun dem Wanderweg, der ein genussvolles Erlebnis verspricht, und der Beschilderung bis zur Arzler Alm (1067m) folgen.

Nach einer kurzen oder längeren Pause von der Arzler Alm der Forststraße bergauf – den Höttinger Almweg – Richtung Höttinger Alm folgen. Nach knapp 1km an der Kehre und Abzweigung geradeaus flach bzw. leicht bergab weiter etwa 1km Richtung Umbrüggler Alm (1120m). Von der Hütte der Skipiste entlang bergab und der Beschilderung Richtung Hungerburg folgen. Alternativ direkt unterhalb der Umbrüggler Alm links den unscheinbaren Taubentalweg nehmen und ihm bis zur Station Hungerburg (868m) folgen.

Tipp für Familien: Wer mit dem Kinderwagen wandern möchte, folgt nach dem Parkplatz dem Fahrweg und biegt nicht in den Wanderweg ab – der Fahrweg führt ebenfalls ausgeschildert zur Arzler Alm. Gleicher Weg zurück.

Fototipps

Die Arzler Alm ist eine wunderschöne, klassische Tiroler Alm und bietet mit ihrem traditionellen Ambiete diverse Fotomöglichkeiten. Die Umbrüggler Alm dagegen kontrastiert mit sehr moderner Architektur und gehobenem Ambiente. Der schönste Aussichtspunkt mit freiem Blick auf die Stadt ist am Start- und Zielort an der Aussichtsterrasse direkt an der Bergstation der Hungerburgbahn.

Zirbenweg – Für Genusswanderer

Malerische, einfache Bergwanderung mit tollem Panoramablick.

Der wohl malerischste Wanderweg Innsbrucks! Vom Hausberg Patscherkofel geht es durch Almwiesen und lichte Bergwälder bis zum Skigebiet Glungezer. Tiefblicke hinunter nach Innsbruck und die massiven Felsflanken des Karwendels beeindrucken ebenso wie die noch intakte Bergnatur.

Die gemütliche alpine Wanderung führt durch Zirben-Urwälder, Berglatschen und glaziale Blockschuttfelder mit nur wenigen Höhenmetern und kaum schwierigen Passagen. Bergauf und bergab geht es per Seilbahn am Patscherkofel und im Skigebiet Glungezer, Hin- und Rückweg von / bis Innsbruck werden sorgenfrei mit dem Bus zurückgelegt.

Tipp: Das Zirbenweg-Ticket beinhaltet alle Transfers und Seilbahntransporte. Bereits in der Stadt (zum Beispiel in der Tourist Information) kaufen, um die Busanreise zu sparen.

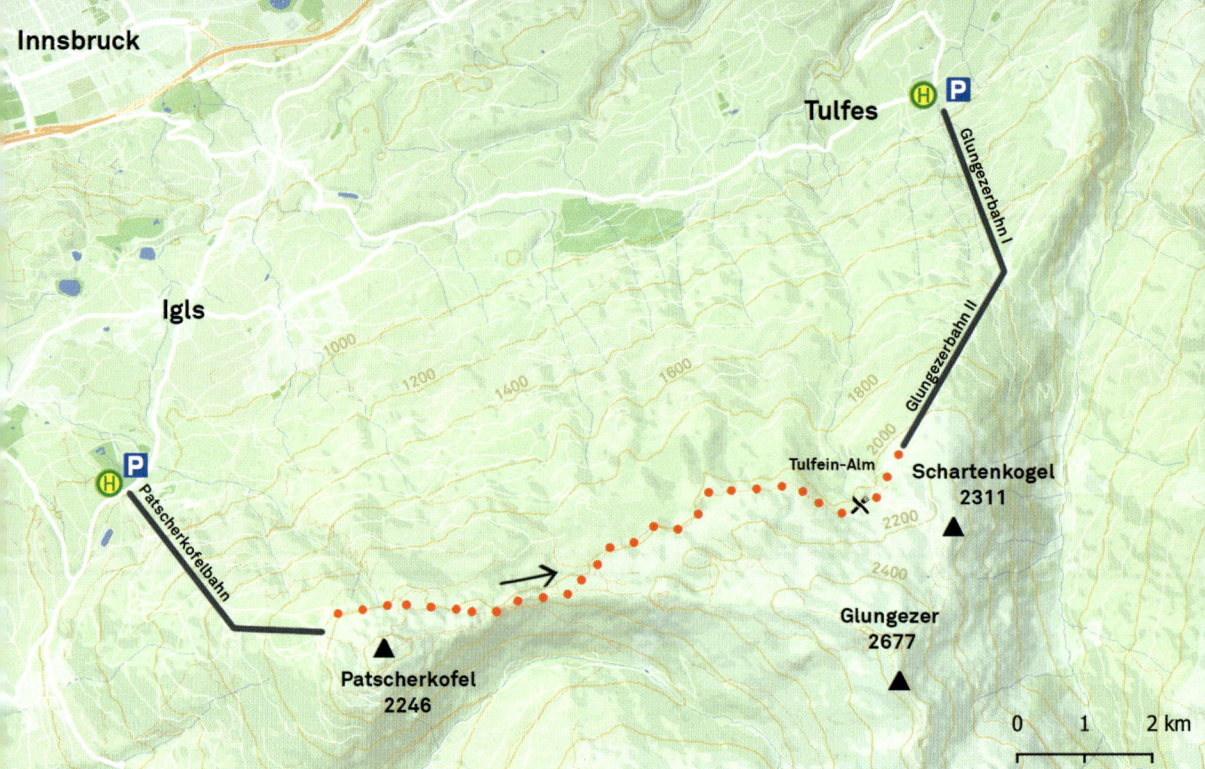

Schwierigkeit ● ○ ○ ○ ○

Anreise Öffentliche Verkehrsmittel
Vom Stadtzentrum in Innsbruck (bspw. Haltestelle "Marktplatz") mit dem Bus J Richtung
"Patscherkofel" bis zur Endhaltestelle. Zurück
nach Innsbruck mit dem VVT Regiobus 4134 von
der Haltestelle "Glungezerbahn Talstation".

Dauer
2,5h, 8km

Aufstieg/Abstieg
200hm / 110hm

Höchster/Tiefster Punkt
2060m / 1963m

Start/Ziel
Talstation Patscherkofel

Beste Jahreszeit
Juni bis September

Einkehrmöglichkeiten
• Tulfein Alm
• Boscheben-Hütte
• Patscherkofel Gipfelstube
• Patscherkofel Schutzhaus
• Patscherkofel Restaurant Bergstation

Tipps
Zirbenweg-Ticket bereits in der Stadt (z.B. Tourist Information) buchen.

Wegbeschreibung

Von der Talstation Patscherkofel geht es per
Gondel zur Bergstation. Nach dem Ausstieg auf
der anderen Seite des planierten Platzes beginnt
der Zirbenweg leicht links durch ein Gatter. Der
Weg ist gut ausgeschildert (Richtung Zirbenweg, Glungezer, Boscheben) und führt durch
Latschenhänge mit tollem Panoramablick leicht
ansteigend bis zur Boschebenhütte (ca. 2,5km).
  Nach einer Rast folgt man dem Zirbenweg weiter Richtung Glungezer und erreicht nach weiteren 5km durch malerischen Gebirgswald die
Tulfein Alm. Von hier noch etwa 200m entlang
der Skipiste bis zur Bergstation der Glungezer-
lifte. Per Lift ins Tal und zurück nach Innsbruck
Hauptbahnhof mit dem Bus (Haltestelle befindet
sich wenige Meter unterhalb am Autoparkplatz).

Fototipps

Der Zirbenweg bietet viele Möglichkeiten, die
geschützte alpine Wiesenwelt, wie z.B. Almrosen
zu fotografieren.
  Die schönsten Aussichtsstandpunkte und Fotospots sind am Grünbichl die malerische Hütte
etwas westlich der Patscherkofel Bergstation.
Außerdem ist der Blick nach Süden mit der
Boscheben-Hütte und die malerische Tulfein-
Alm mit Blick aufs Karwendel empfehlenswert.
Der Top-Fotospot ist dennoch allgemein der
Blick auf Innsbruck und die majestätische Nordkette, der von fast überall fotografiert werden
kann.

Serles – Die Königin-Bergtour

Die königliche Tour unter den Innsbrucker Bergtouren.

Ein bisschen wie das Matterhorn über der Schweiz, thront die Serles über Innsbruck. Sie ist die Königin der Innsbrucker Bergwelt, der dominante Berg, wenn man die Stadt von der Nordkette betrachtet. Die Königin-Wanderung ist recht anspruchsvoll, die Aussicht vom steilen Gipfelplateau ist aber die Mühe mindestens wert.

Das kleine Gipfelplateau erhascht die ersten Sonnenstrahlen des Tages. Einen Sonnenaufgang hier einmal erlebt zu haben, das gehört für jeden Innsbrucker Bergliebhaber zum guten Ton. An einem warmen Wochenendtag ist man somit zwar nicht allein, aber man erspart den schweißtreibenden Aufstieg tagsüber in praller Sonne.

Schwierigkeit ● ● ● ● ○

Anreise Öffentliche Verkehrsmittel
Mit dem Bus 590 von Innsbruck bis zur Haltestelle "Mieders Serlesbahn".

Dauer
5h, 10 km

Aufstieg/Abstieg
1100 hm / 1100 hm

Höchster/Tiefster Punkt
2770m / 1635m

Start/Ziel
Mieders Serlesbahn Talstation
(Koordinaten: geogr. 47.163808, 11.379690)

Beste Jahreszeit
Juni bis September

Einkehrmöglichkeiten
• Bergstation Serles
• Maria Waldrast

Wegbeschreibung

Für eine Sonnenaufgangstour mit dem Auto bis
Maria Waldrast (Mautstraße). Direkt vor der kleinen Kapelle in den Wanderweg Richtung Serles
steil bergauf.

Dem Wanderweg zunächst steil durch den Wald,
dann flacher durch einen Latschenhang und
schließlich erneut steil in ein alpines Hochtal
bis zum Serlesjöchl folgen. Hier rechts und über
zwei schwierige, aber versicherte Steilstufen den
Bergwanderweg über schottriges Gelände teils
steil bis zum Gipfel folgen. Abstieg wie Aufstieg.
Für den Sonnenaufgang empfiehlt es sich, etwa
drei Stunden vor Sonnenaufgang am Parkplatz
zu starten.

Alternative

Wer diese Wanderung ohne eigenes Auto machen
möchte, startet an der Serlesbahn. Von der Bergstation am Speicherteich entlang und geradeaus
(Richtung Süden) der Beschilderung Richtung
Maria Waldrast folgen. Über den Sattel und entlang der Straße bis Maria Waldrast und weiter
der Beschreibung.

Fototipps

Der Gipfelblick von der Serles ist wohl unüber-
trefflich. Mit einem Ultra-Weitwinkelobjektiv lassen sich die Tiefblicke besonders gut einfangen.

Zu einer Serles-Besteigung gehört fotografisch
auch, den Berg in seiner schönsten Pracht aus
Innsbruck zu fotografieren. Die Aussichtsterrasse an der Hungerburg bietet sich hierzu an.
Alternativ ist der Blick zur Serles mit einem Teleobjektiv zum Beispiel an der Station Congress
oder aus der Maria-Theresienstraße besonders
lohnend. Es bieten sich schöne kontrastreiche
Stadt-Berg-Motive an.

HÜTTEN-WANDERN

„Ich bin dann mal weg."

HAPE KERKELING

Sellrainer Hüttenrunde

Im Flow mit der Natur.

Einsame Landschaft ohne Lifte, Autos und Lärm – stattdessen Natur, Stille und Erholung pur. Hier, im Sellraintal wandert man genüsslich in bis zu zehn Tagesetappen von Hütte zu Hütte, genießt die einsame Bergwelt und kommt zur Ruhe. Man schaut dem Wasser in den natürlichen Gebirgsbächen beim Fließen zu, hört den Wind um die mitunter schroffen Bergflanken und Murmeltiere pfeifen. Hier und dort muht eine Kuh oder es wiehert ein Pferd. Vielleicht begegnet man in der Hauptferienzeit einer Handvoll anderer Wanderer. Das war es auch schon an Aufregung. Und genau das ist es, was die Sellrainer Hüttenrunde zu einer genussvollen Bergwanderung macht.

Hier finden wir Ruhe, Stressfreiheit und Natur – und auch genug Zeit, uns damit zu beschäftigen oder einfach die Gedanken schweifen zu lassen. Als Bergwanderer erkundet man die einsamen Gipfel und erwandert sich das Gebiet in mehreren Tagen von Hütte zu Hütte. Klare Gebirgsbäche, kleine Seen und malerische, mit vielen Bergblumen geschmückte, hochalpine Terrassen laden ein zum Innehalten, zum Schauen oder auch zum Erkunden.

Unseren Ballast werfen wir hier schnell ab. Und wenn wir zurückkommen, bleibt nichts außer unseren Fußabdrücken in den wenig ausgetretenen Pfaden – und unser befreites Lächeln im Gesicht.

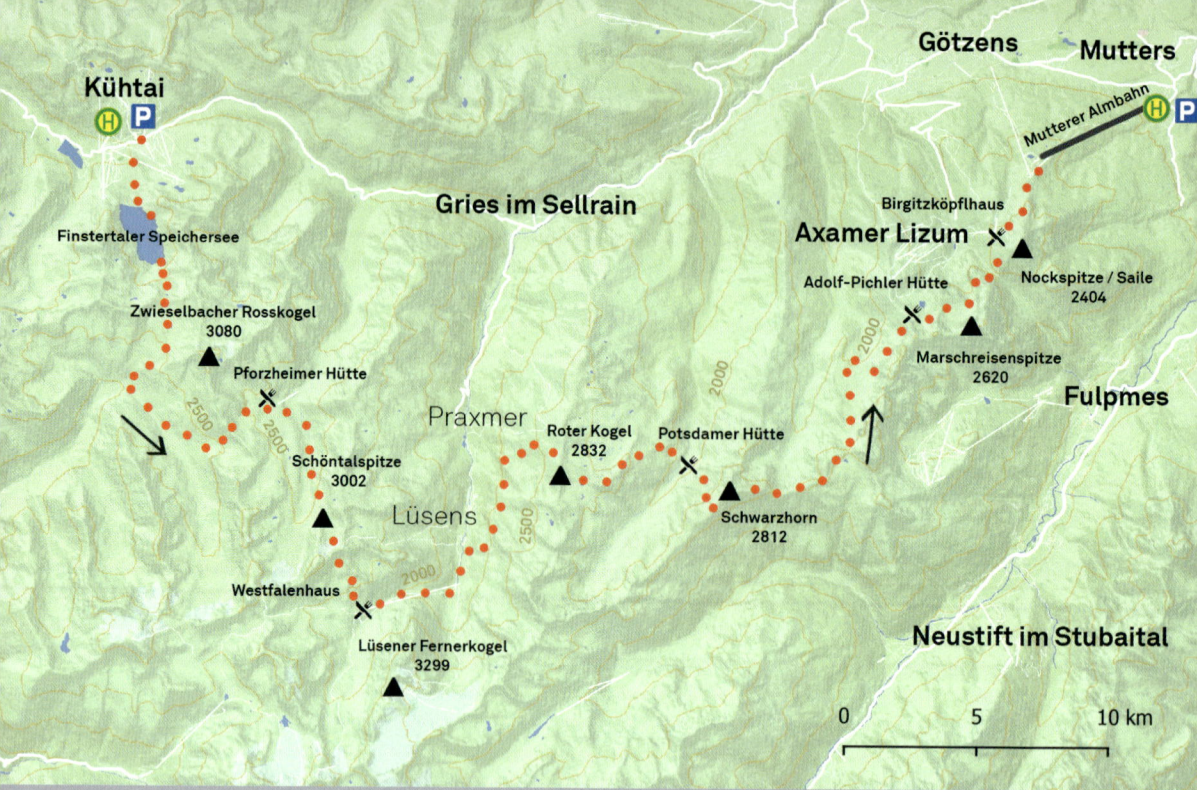

Kühtai

Finstertaler Speichersee

Zwieselbacher Rosskogel
3080

Pforzheimer Hütte

Schöntalspitze
3002

Westfalenhaus

Lüsener Fernerkogel
3299

Gries im Sellrain

Praxmer

Lüsens

Roter Kogel
2832

Potsdamer Hütte

Schwarzhorn
2812

Götzens

Mutters

Mutterer Almbahn

Birgitzköpflhaus

Axamer Lizum

Adolf-Pichler Hütte

Nockspitze / Saile
2404

Marschreisenspitze
2620

Fulpmes

Neustift im Stubaital

0   5   10 km

Schwierigkeit ● ● ● ● ○

Anreise Öffentliche Verkehrsmittel
Mit dem Bus 4166 von Innsbruck bis zur Halte-
stelle "Kühtai Ort". Retour von der Talstation der
Muttereralm Bergbahnen mit der Stubaitalbahn
oder dem Bus 4161 und 4162 von der Haltestelle
"Mutters Dorfstraße" nach Innsbruck.

Dauer
28h (ca. 4-5 Tage), 57km

Aufstieg/Abstieg
5355hm/5765m

Höchster/Tiefster Punkt
3002m/1605m

Start/Ziel
Kühtai Ort
(Koordinaten: geogr. 47.213504,11.022873)

Beste Jahreszeit
Juli bis September

Einkehrmöglichkeiten
Diverse

Tipps
Hütten in der Hauptsaison und am Wochenende
vorab buchen.

Wegbeschreibung

Der Hauptweg startet im Skigebiet Kühtai, Haltestelle Kühtai Ort. Wenige Meter zurück nach Osten entlang der Hauptstraße und gleich links geht es eine Straße hoch. Dieser Straße etwas folgen und im weiteren Verlauf den Wanderweg Richtung Finstertaler Speichersee / Schweinfurter Hütte nehmen. Stets auf dem Wanderweg bleiben, die Staumauer hoch, linkerhand am Speichersee Finstertal vorbei und schließlich auf die Finstertaler Scharte (2777m). Hier stets bergab zur Schweinfurter-Hütte (2015m).

Ab der Schweinfurter-Hütte taleinwärts der Fahrstraße folgen, den Wanderweg links bergauf zum Geirschjöchl (2751m) nehmen. Vom Jöchl stets bergab zur Pforzheimer-Hütte (2305m). Von der Pforzheimer-Hütte taleinwärts und hinunter zum Gleirschbach. Am Bach angekommen diesem taleinwärts zur Zischgenscharte / Schöntalspitze (3002m) folgen und bergab zum Westfalenhaus 2255m).

Bergab nach Lüsens und rechterhand lange bergauf bis zum Roter Kogel (2832m). Weiter den Wegweisern zur Potsdamer-Hütte (2005m) folgen. Über das Schwarzhorn (2812m) zur Adolf Pichler-Hütte (1980m). Hier bergauf Richtung Hoadlsattel und über den Widdersbergssattel und Lizumer Kar sowie über Halsl zum Birgitzköpflhaus. Hier nun zur Bergstation der Mutterer Almbahn queren und ins Tal fahren oder weiter bis zur Talstation gehen. Von der Talstation den Bus oder etwas bergab im Ortszentrum die Straßenbahn zurück nach Innsbruck Zentrum nehmen.

Fototipps

Die Fotogelegenheiten auf dieser Mehrtageswanderung sind vielfältig. Es gibt keine besonders herausstechende Fotolocation. Wer mag, kann den Umweg über die Nockspitze am letzten Tag noch mitnehmen und den Tiefblick nach Innsbruck einfangen.

Das Besondere an dieser Runde ist, dass man außer zu Beginn und Ende und die Berghütten und Wanderwege keine menschlichen Natureingriffe sieht und erfährt.

Oftmals sind Gegenhangperspektiven mit einem Teleobjektiv möglich, aber auch weitwinklige Aufnahmen mit den wunderbaren einzelnen Tälern – teils mit den einsam gelegenen Berghütten – sind ein lohnendes Motiv. Makroaufnahmen von Flora und Fauna sowie Wanderbilder runden den fotografischen Teil ab.

Tipp: Das Sellrain ist relativ gut abgeschirmt und frei von Lichtverschmutzung. Nachtaufnahmen von Sternenhimmel, Mond und ähnliches sind hier sehr empfehlenswert.

Kleine Karwendeldurchquerung

Im schroffen Karwendel.

Am Ende des Samertales inmitten majestätischer Berggipfel liegt in einer traumhaften Aussichtslage die Pfeis-Hütte . Im schroffen Karwendel gelegen ist sie nur das erste Highlight dieser Mehrtageswanderung.

Mit dem hohen Ausgangspunkt am Hafelekar ergeben sich wunderbare Wanderungen von Hütte zu Hütte, wobei man dabei nicht wirklich allzu viele Höhenmeter absolvieren muss. Diese kleine Durchquerung kann man als Genusstour gut auf bis zu drei Tage aufteilen.

Die anfänglichen Tiefblicke ins Inntal vom malerischen Goetheweg aus kontrastieren bei dieser Wanderung mit den beeindruckend schroffen Karwendelgipfeln und der langen Talwanderung ins tief eingeschnittene Halltal. Diese Zutaten machen diese Wanderung zu einem besonders abwechslungsreichen Vergnügen, das man bequem auf ein verlängertes Wochenende ausdehnen kann.

Pfeishütte

Mandlspitze
2366

Rumer Spitze
2454

Pfeiserspitze
2345

Gleirschspitze
2317

Hafelekarspitze
2334

Haltal

Nordkettenbahn

Hungerburg

Inn

Rum

Hall in Tirol

0   1   2 km

Schwierigkeit ● ● ● ○ ○

Anreise Öffentliche Verkehrsmittel
Innsbruck Zentrum und Fußweg bis Hungerburgbahn Haltestelle Congress. Alternativ mit Bus J
ab Zentrum bis Hungerburg. Zurück nach Innsbruck ab Haltestelle Bettelwurfsiedlung.

Dauer
6,5h, 17km

Aufstieg/Abstieg
730hm / 1905m

Höchster/Tiefster Punkt
2275m / 740m

Start/Ziel
Bergstation Nordkettenbahn / Hafelekar
(Koordinaten: geogr. 47.311996,11.383691),
Ziel: Absam (Haltestelle Bettelwurfsiedlung)

Beste Jahreszeit
Juni bis September

Einkehrmöglichkeiten
• Hafelekarstube
• Pfeis-Hütte
• Bettelwurf-Hütte

Wegbeschreibung

Tag 1: Auffahrt mit der Nordkettenbahn bis zum Hafelekar (2269m). Gleich rechts in den aussichtsreichen Goetheweg einbiegen und mit einigem Auf und Ab höhengleich über die Mandlscharte (2277m) zur Pfeis-Hütte (1922m) gehen.

Tag 2: Von der Pfeis-Hütte über das Stempeljoch (2215m) hinunter in das Halltal bis zum Karwendelparkplatz (Haltestelle Bettelwurfsiedlung). Mit dem Bus zurück nach Innsbruck.

Alternative 3-Tagesvariante: Ab Stempeljoch über den Wilde Bande-Steig und das Lafatscher Joch (2081m) zur Bettelwurf-Hütte (2077). Nach einer Übernachtung von hier talwärts in das Halltal.

Alternative

Die klassische Karwendeldurchquerung vom Scharnitz bis zum Achensee erfordert deutlich längere und mühsamere Tagesetappen, ist mit seiner Abgeschiedenheit für Wanderfans aber auch ein echtes Schmankerl und garantiert Kanada-Feeling.

Fototipps

Gleich zu Beginn wartet der bekannte Tiefblick vom Hafelekar bis hinunter nach Innsbruck. Dieser begleitet uns bis kurz vor die Mandlscharte und bietet viele Variationsmöglichkeiten.

Kontrastreich sind die Ausblicke ins schroffe Karwendel. Insbesondere beim Zustieg zur Pfeis-Hütte empfiehlt es sich, deren alpine Lage mit einem Weitwinkelobjektiv festzuhalten.

Bei den Übernachtungen im sehr dunklen und abgeschatteten Karwendel sind Nachtaufnahmen besonders eindrucksvoll.

Transalp Innsbruck – Sterzing

Einmal zu Fuß über die Alpen.

Einmal zu Fuß über die Alpen. Was sich als Hommage an Hannibals historischer Alpenüberquerung speziell bei Mountainbikern zu einer beliebten Alpenreise gemausert hat, begeistert seit vielen Jahren auch Wanderer und Weitwanderer. In mehreren Tagesetappen führen viele Wege von den Nord- in die Südalpen und bieten sich als kombinierte Mehrtagestour von Hütte-zu-Hütte an. Diese Tour ist eine Kombination aus dem *„Traumpfad München-Venedig"* und dem *Pfunderer Höhenweg*.

Mitgenommen wird nur das, was in den eigenen Rucksack passt. Für die Verpflegung und sichere Unterkunft sorgen alpine Hütten, die in entsprechenden Abständen die Bergwanderer aufnehmen. Nach frühem Aufstehen wird den ganzen Tag abseits der touristischen Hauptinfrastruktur gewandert. Ein Schritt nach dem anderen und meditativ die Natur erleben.

Wer sich auf das Transalp-Abenteuer begibt, erlebt besondere alpine Ausblicke und Momente – und auch mal die Schwierigkeiten des alpinen Lebens. Wetterumschwünge und Planungsänderungen, aber auch besondere Ruhe an sonst wenig frequentierten Orten sowie kulturelle und kulinarische Vielfalt machen das Highlight Transalp zu einem besonderen alpinen Erlebnis mit Tiefgang.

Schwierigkeit ● ● ● ○ ○

Anreise Öffentliche Verkehrsmittel
Mit dem Bus 4134 von Innsbruck bis Tulfes zur
Haltestelle "Glungezerbahn Talstation". Zurück
per Zug ab Sterzing Bahnhof nach Innsbruck
(www.trenitalia.com, www.oebb.com)

Dauer
40h, 95km

Aufstieg/Abstieg
6495hm/7110hm

Höchster/Tiefster Punkt
2910m/940m

Start/Ziel
Bergstation Glungezerbahn
(Koordinaten: geogr. 47.241599,11.543970)

Beste Jahreszeit
Juli bis September

Einkehrmöglichkeiten
Siehe Wegbeschreibung.

Tipps
Es gibt viele Varianten dieses Unterfangens.
Besonders reizvoll ist es, vor dieser Tour noch
eine Überquerung der Nordalpen bis Innsbruck
abzuhalten.

Hüttenwandern

Wegbeschreibung

Aufgrund der Länge der Tour können hier nur die groben Etappen angegeben werden. Für die detaillierten Routenfindung bitte den GPS-Track nutzen.

Bergstation Glungezerbahn – Glungezerhütte (2660m) – Naviser Jöchl (2479m) – Lizumer Hütte (2019m) – Junssee – Tuxer-Joch-Hütte (2316m) – Spannagelhaus (2531m) – Friesenbergscharte (2910m) – Friesenberghaus (2477m) – Olperer Hütte (2388m) – Pfitscher Joch (2246m) – Pfitscher-Joch-Hütte (2275m) – Gliderscharte (2644m) – Grindlbergsee – Pfunderer Joch (2568m) – Sterzinger-Hütte (2344m, Selbstversorgerhütte, alternativ Brixner-Hütte oder Simele Mahdalm ansteuern) – Treriser Joch (2212m) – Jägerspitze (2136m) – Sterzing (948m).

Hinweis: Diese Tour ist teilweise wenig begangen. Andere, ähnliche Alternativen sind touristisch mehr organisiert. Achtung: Sterzinger-Hütte ist eine Selbstversorgerhütte!

Fototipps

Besondere Spannung bietet sich auf einer Mehrtagestour durch die Unklarheiten der Wetterentwicklung. Es lohnt sich, diese verschiedenen Stimmungen festzuhalten. Zwischen Glungezer und Sterzing ist relativ geringe Lichtverschmutzung. Sie ermöglicht für Mitteleuropa einen ungewöhnlich klaren Blick auf den nächtlichen Sternenhimmel. Mit einem Stativ lassen sich diese klaren Sternenblicke ansprechend einfangen.

Der bekannteste Fotospot entlang des Weges ist die kleine Hängebrücke an der Olperer-Hütte mit Blick über den Schlegeisspeicher auf den Hochfeiler (2509m). Die Hütte unbedingt vorab reservieren.

TRAIL-RUNNING

„Vogel fliegt,
Fisch schwimmt,
Mensch läuft."

EMIL ZATOPEK

Stangensteig

Sportlich-genussvolle Feierabend-Laufrunde.

In vielen Städten dieser Welt treffen sich Menschen auf ein Getränk oder zu einer Laufrunde nach Feierabend. In Innsbruck ist das nicht viel anders. Statt an einem Fluss entlang oder in den Stadtwald oder Park geht man in Innsbruck allerdings direkt mal eben schnell berglaufen und spult zu den Kilometern noch ordentlich Höhenmeter ab.

Wem diese Art der Freizeitgestaltung zusagt, der findet mit dem Stangensteig eine genussvolle Trainingsstrecke. Ohne Asphaltstücke und mit etwa 50% Trailanteil führt dieser altehrwürdige Steig höhengleich in ständigem Auf- und Ab in wunderbarer Landschaft.

Wer im Stadtzentrum startet, hat zu den bereits stattlichen 250 Höhenmetern weitere rund 300 Höhenmeter eine sportlich-reizvolle Kombination aus Wander- und Lauftraining und ist damit rund zwei Stunden beschäftigt.

Als Wanderung empfiehlt es sich, einen der traditionellen Almgasthöfe – Rauschbrunnen oder Buzihütte – als Pausenstation mit einzuplanen. Traditionelle Küche mit Aussicht ist hier garantiert.

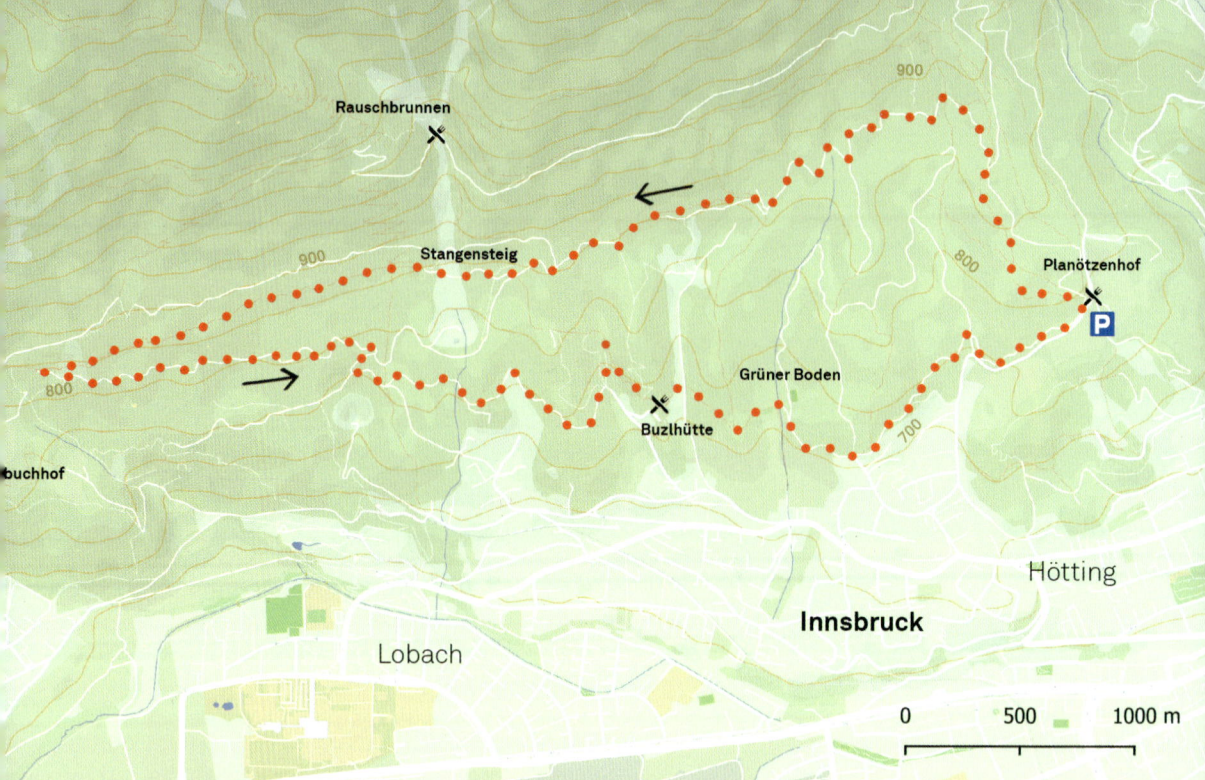

Schwierigkeit ● ● ● ○ ○

Anreise Öffentliche Verkehrsmittel
Mit der Linie A vom Zentrum in innsbruck (bspw. Haltestelle "Marktplatz") bis zur Haltestelle "Sadrach". Von dort zu Fuß in 15 Minuten zum Ausgangspunkt.

Dauer
1,5h, 9km

Aufstieg/Abstieg
240hm/240hm

Höchster/Tiefster Punkt
865m/705m

Start/Ziel
Parkplatz am Planötzenhof
(Koordinaten: geogr. 47.275195,11.375120)

Beste Jahreszeit
Februar bis November

Einkehrmöglichkeiten
• Planötzenhof
• Buzi-Hütte
• Rauschbrunnen

Tipps
Start in Innsbruck Zentrum und bergauf über Hötting zum Planötzenhof empfohlen. Die Parkplatzsituation am Planötzenhof ist begrenzt.

Trailrunning

Wegbeschreibung

Start ist am Planötzenhof (Parkplatz). Auf Wald-
steigen leicht bergauf zu einem Forstweg. Hier
links und diesem Weg Richtung Westen folgen.
Der Weg windet sich entlang des Hangs ohne
nennenswerte Höhenunterschiede bis man auf
den Stangensteig trifft. Der Trail führt uns mit
kurzem Forstweg-Teilstück fast bis kurz vor den
Kerschbuchhof. Hier ändert die Strecke die Richtung. Auf Forstwegen geht es tendenziell bergab
Richtung Osten. Über die Buzi-Hütte und den
Grünen Boden führt der Weg zurück zum Startpunkt. Die Strecke ist gut ausgeschildert.

Alternativen

Steht dir der Sinn nach mehr Höhenmeter? Dieser Runde kannst du nach dem Stangensteig
über den Almgasthof Rauschbrunnen mit noch
mehr Höhenmetern mehr Würze geben.

Fototipps

Der Weg führt stets durch den Wald und bietet nur wenig Aussichtspunkte. Für ein schönes Erinnerungsbild bietet sich eine Einkehr im
Almgasthof Rauschbrunnen, der Buzi-Hütte oder
dem Planötzenhof an.

Nordkette – Vertikal und Horizontal

Der Berglauf-Klassiker mit Künstlerrunde.

Direkt aus der Stadt steil bergauf – satte 1600 Höhenmeter ohne eine einzige kurze Verschnaufpause. Das ist der Innsbrucker Vertikallauf – auch Seilbahnsteig genannt. Die Königsdisziplin vieler Innsbrucker Bergfexe ist es, die 1000 Höhenmeter Höhendistanz von der Hungerburg zur Seegrube unter einer Stunde zu laufen.

Wem das noch nicht schweißtreibend genug ist, der kann seinen vertikalen Berglauf bis zur Hafelekarspitze verlängern – und jetzt, wo man schon oben ist, nimmt man am besten noch den aussichtsreichen Genuss-Höhenweg bis zur Pfeis-Hütte mit. Mit der Alternativen „Abfahrt" über und mitten im Geröll der Arzler Schotterreißn hat man den alpinen Berglauf-Nordketten-Klassiker erlebt. Etwas einfacher, gelenkschonender und auch immer noch mehr als sportlich genug ist der direkte Rückweg und Talfahrt mit der Seilbahn. So bleibt auch noch etwas Zeit, den Tiefblick nach Innsbruck und die Ausblicke in die Stubaier Alpen zu genießen.

Die Bestzeiten bewegen sich für den Teil Hungerburg-Seegrube um 30 Minuten. Manch einer schafft in dieser Dauer gerade so sein gemütliches Pausenbier.

Pfeishütte

Rumer Spitze
2454

Mandlspitze
2366

Gleirschspitze
2317

Hafelekarspitze
2334

Seegrube

Nordkettenbahn

Hungerburg (H) (P)

0   500 1000 m

Schwierigkeit ● ● ● ● ○

Anreise Öffentliche Verkehrsmittel
Vom Stadtzentrum in Innsbruck (bspw. Haltestelle
"Marktplatz") mit dem Bus J Richtung "Nordkette"
bis zur Haltestelle "Hungerburg". Alternativ mit der
Hungerburgbahn ab "Innsbruck Congress".

Dauer
6h, 34km

Aufstieg/Abstieg
2650hm / 2650hm

Höchster/Tiefster Punkt
2275m / 860m

Start/Ziel
Station Hungerburg / Talstation Nordkettenbahn
(Koordinaten: geogr. 47.285794,11.398938)

Beste Jahreszeit
Juni bis Oktober

Einkehrmöglichkeiten
• Restaurant Seegrube
• Hafelekarstube, Pfeis-Hütte
• Hungerburg

Tipps
Im Hochsommer an heißen, sonnigen Tagen
besser sehr früh am Morgen starten.

Besondere Gefahren
Erhöhte Verletzungsgefahr beim
Schotterreißn-Surfen.

Trailrunning

Wegbeschreibung

Ab der Hungerburg (868m) verläuft der Steig fast direkt unter der Seilbahn. Ein Verlaufen ist an sich unmöglich. Bitte nicht auf den Bike-Trail ausweichen. Von der Station Seegrube (1966m) führt der Weg kurz über das Schuttkar leicht nach rechts und schließlich in der Direttissima-Rinne zur Bergstation am Hafelekar (2269m). Von hier rechts halten und in den gut sichtbaren und ausgebauten Höhensteig „Goetheweg" einbiegen. Über das Gleirschjöchl (2243m) und Mandlscharte führt der Weg bis zur Pfeis-Hütte (1922m). Rückweg wie Hinweg. Um die Gelenke zu schonen, empfiehlt sich eine Talfahrt mit der Bergbahn.

Alternativen

Von der Pfeis-Hütte kann auch zur Arzler Scharte (2158m) aufgestiegen werden und durch die Schotterreißn Arzler Scharte bergab ge-„surft" werden. Ein klassisches Vergnügen von Karwendel-Schotter-Liebhabern! Es wird hierbei im steilen, sich bewegenden Schotter bergab gerannt und mehr gehüpft als gegangen. Gebremst wird im tiefen, rutschenden Schotter vorausschauend durch Gewichtsverlagerung, Richtungsänderungen erfolgen durch Springen und schnelleres Bergabrennen. Über die Arzler Alm (1067m) führt der Weg zurück zur Hungerburg.

Fototipps

Der steile Seilbahnsteig ist aus der Gondel sehr gut zu fotografieren. Außerdem ist der Goethe-Steig der Foto-Paradeweg hoch über Innsbruck und bietet herausragende Tiefblicke.

Eichhoftrail

Stadtnaher Mittelgebirgstrail.

Die Hochebenen südlich von Innsbruck um Igls-Tulfes und Natters-Axams nennen die Einheimischen gerne ihr „Mittelgebirge". Im Vergleich zum Hochalpinen ist es hier eher flach-hügelig. Die Gebiete erheben sich mit rund 300 Höhenmeter nur etwas über der Innenstadt. Nur wenige Kilometer vom Stadtzentrum entfernt und von hochalpinen Berggipfeln umgeben: das Flair eines ländlichen Mittelgebirges ist bezeichnend für diesen Trail. Sanfte Hügel, kleine Dörfer, Wald- und Wiesenwege und: Ruhe.

Der Eichhoftrail führt von der Innenstadt in dieses Mittelgebirge. Trotz der tendenziell flachen Gestalt sind immerhin 250 Höhenmeter zu bewältigen – darunter ist es hier nicht zu machen. Wer mag, kann sich auf der Hochebene lauftechnisch noch deutlich mehr austoben und weitere Strecken bewältigen. Der Trail ist gut beschildert und führt auf schmalen Wandersteigen und wenig frequentierten Forst- und Wanderwegen durch entspanntes Wald- und Wiesengelände.

Wer den Weg als Spaziergang geht, kann im Natterer See oder am Natterer Boden bei Tiroler Spezialitäten gemütlich einkehren.

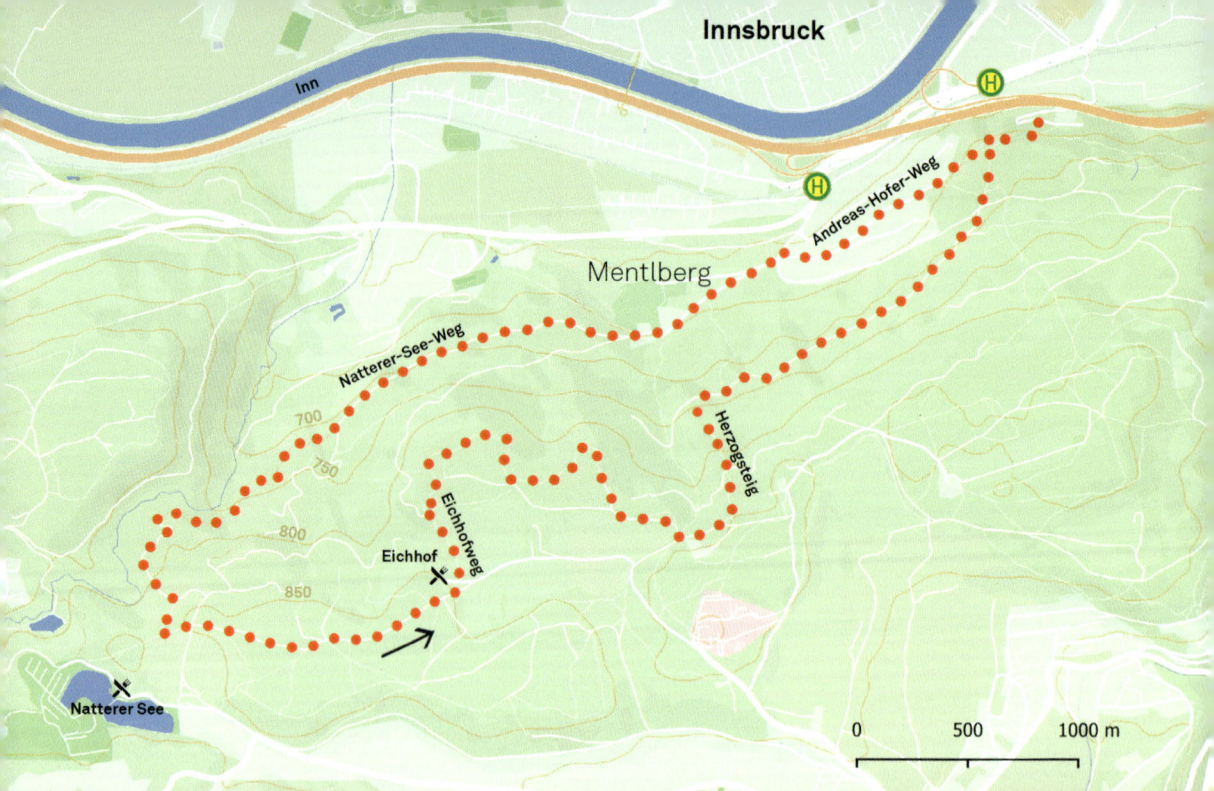

Schwierigkeit ● ● ○ ○ ○

Anreise Öffentliche Verkehrsmittel
Vom Stadtzentrum in Innsbruck mit der Linie C
oder M bis "Hafen".

Dauer
1,5h, 9km

Aufstieg/Abstieg
275hm / 275hm

Höchster/Tiefster Punkt
855m / 605m

Start/Ziel
Startpunkt Andreas-Hofer-Weg
(Koordinaten: geogr. 47.253085, 11.378762)

Beste Jahreszeit
März bis Oktober

Einkehrmöglichkeiten
• Natterer See
• Gasthaus Eichhof

Tipps
Als Spaziergang empfiehlt sich ein Stopp am
Gasthaus Eichhof oder Natterer See.

Wegbeschreibung

Der Eichhoftrail startet etwas versteckt gelegen an der Infotafel zum Andreas-Hofer-Weg südlich des Vaz-Hafengeländes nach der Inntal-Autobahnunterführung nach einigen Höhenmetern (GPS-Track beachten).

Rechterhand den Andreas-Hofer-Weg bergan, gleich rechts halten und durch eine kleine Siedlung (Mentlberg) Richtung Schloss Mentlberg. Nicht weiter zum Schloss, sondern links bergauf haltend den Natterer-See-Weg nehmen. An der Kreuzung weiter den Natterer-See-Weg nehmen und diesem länger bergauf bis kurz vor dem Natterer See folgen. Hier links und der Forststraße links nur mehr leicht bergan bis zum Gasthaus Eichhof folgen. Am Gasthaus vorbei und direkt links in den Eichhofweg. Nach einem kurzen Stück bergab rechts bergauf und dem beschilderten Pfad stets entlang der Hangkante prinzipiell Richtung Osten folgen.

Nach einem Forststraßenstück und Aussicht auf Innsbruck links in den Herzogsteig einbiegen. Dieser führt bergab und rund 20 Spitzkehren später befindet man sich wieder auf einer Forststraße. Dieser rechts stets leicht bergab folgen und leicht links auf den Andreas-Hofer-Weg und zurück zum Startpunkt.

Fototipps

Der Trail führt meist im nordseitigen Wald entlang und lädt daher eher bei tief stehender Sonne oder Nebel zu stimmungsvollen Waldbildern ein. Die Wiese östlich des Gasthof Eichhof ist recht fotogen und wird am besten vom östlichsten Punkt fotografiert, etwa 100m bevor man in den Herzogsteig einbiegt.

Almenweg Patscherkofel

30 Kilometer Trails durch alten Zirbenwald.

Die Zirbe ist das Tiroler Nationalheiligtum im alpinen Wald. Die Zirbelkiefer wird bis zu 1000 Jahre alt. Ihr aromatisch duftendes Holz wird gerne für Möbel verwendet, die Zapfen und Samen dienten Jahrhunderte lang zur Lebensmittelproduktion: Früher waren sie Nahrungsquelle in Hungerjahren, heute werden sie zunehmend als Zirbenschnaps weiterverarbeitet.

Der Trailrun führt durch den alten Rest-Zirbenwald zwischen Glungezer und Patscherkofel und umschifft dabei den von Wanderern hochfrequentierten Zirbenweg. Vorbei an einigen Berghütten führt der Trail einmal knapp über die 2000er-Marke. Hier, etwas unterhalb des Patscherkofels genießt man am besten kurz die Aussicht und stürzt sich wieder furchtlos auf den Wanderwegen gen Tal. Auf einem Großteil der flowigen Strecke ist für fitte Runner flüssiges Laufen gut möglich. Einfach begehbarer Waldboden und Schotterabschnitte führen durch wenig frequentierte Almenwege und wechseln sich auf den rund 30 Kilometern Distanz angenehm ab. Kürzere Alternativrouten sind vielfältig kombinierbar.

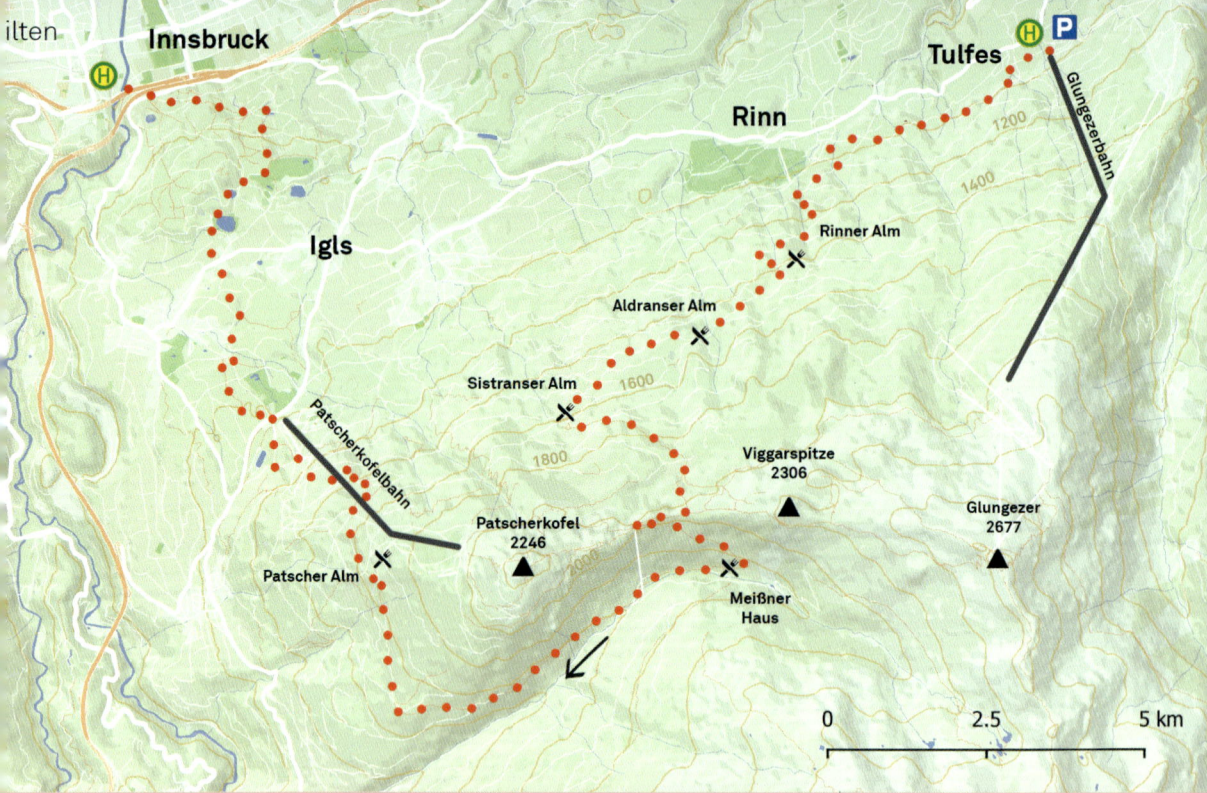

Schwierigkeit ● ● ● ● ○

Anreise Öffentliche Verkehrsmittel
Per Bus 4134 von Innsbruck Hauptbahnhof bis
Tulfes Talstation Glungezer.

Dauer
5h, 31km

Aufstieg/Abstieg
1470hm / 1820hm

Höchster/Tiefster Punkt
2050m / 590m

Start/Ziel
Tulfes, Haltestelle Glungezerbahn Talstation
(Koordinaten: geogr. 47.256544,11.535387)

Beste Jahreszeit
Mai bis Oktober

Einkehrmöglichkeiten
• Rinner Alm
• Aldranser Alm
• Sistranser Alm
• Boscheben
• Meißner Haus
• Patscher Alm
• Igls

Tipps
An heißen Tagen empfiehlt es sich, für die längere südseitige Umrundung des Patscherkofels
genug Flüssigkeit mitzuführen oder auf einer
Alm nachzutanken. Kürzere Alternativrouten
sind vielfältig kombinierbar.

Trailrunning

Wegbeschreibung

Start ist in Tulfes an der Haltestelle Glungezer-bahn (Talstation). Der Weg führt in westlicher Richtung über einige hügelige Forstwege bis Rinn. Von Rinn aus folgt man der Beschilderung zur Rinner Alm (flacher auf der Fahrstraße oder steiler auf dem Wanderweg). Es geht weiter tendenziell leicht bergauf zur Aldranser Alm und mit etwas Auf und Ab weiter zur Sistranser Alm. Von der Sistranser Alm etwas steiler nun der Beschilderung zum Iss-boden folgen. Nach kurzer Verschnaufpause auf der Almwiese erfolgt der Schlussanstieg bis zum Zirbenweg. Hier am Bergrücken nun rechts halten Richtung Patscherkofel / Boscheben und flach bis Boscheben auf dem Zirbenweg bleiben.

An der Boscheben-Hütte links deutlich bergab zum Meissner Haus. Von hier führt der „Almenweg 1600" erst entlang des Mühlbachs leicht bergab und schließlich wieder länger, aber nicht zu steil, bergauf. Man umrundet den Patscherkofel nun auf seiner Südseite. Hier kann man noch einmal bei der Patscher Alm einen Halt einlegen, bevor man letztlich einem der Wege stets bergab bis zur Talstation der Patscherkofelbahn dem Wanderweg oder der Fahrstraße folgt.

Wer noch fit genug ist, kann statt der Rückfahrt mit dem Bus J auch über ein Gewirr aus Wanderwegen und Forsttrassen über Igls – Lansersee – Lanser Kopf – und den Tante-Gert-Lauf (Straßenbahnhaltestelle) und vorbei am Bretterkeller zurück in die Innenstadt Innsbruck gelangen. Spätestens hier empfiehlt sich die Nutzung eines GPS-Tracks.

Hinweis: Die Strecke bietet an einigen Stellen die Wahl: entweder man nimmt die geschotterte Fahrstraße mit weniger Steigung / Gefälle oder steilere Wanderwege auf Waldboden. Tendenziell genügt es, der Beschilderung zu folgen. Für einen Rundkurs kann man die Patscherkofelbahn Talstation (Bus J) als Start und Zielpunkt auswählen und entlang dem Patscherkofel Radweg über Sistrans zunächst zur Aldranser Alm steuern.

Fototipps

Wer Zeit und Muße für Bilder hat, der wird insbesondere die Aussicht am Zirbenweg bis Boscheben genießen. Die meisten Zeit führt der Weg im relativ dichten Wald entlang. Insbesondere an den Almhütten sollte sich ein Ausblick aufs Inntal, Wipptal und Stubaital aber gut ergeben. Fotografieren und Laufen verbinden – dient der läuferischen Moral? Das ist eine Frage, die ganz sicher nur individuell beantwortet werden kann.

Ultra Trail Innsbruck-Umrundung

Epischer Ultra-Trail Lauf rund um Innsbruck.

Innsbruck liegt wie ein Nest mitten in alpiner Bergwelt. Wo man auch hinschaut: Berge! Dreht man sich 360° um die eigene Körperachse, sieht man in jedem Winkel über den Häuserfassaden Berggipfel hervorblitzen.

Wieso also nicht all diese Berge miteinander verbinden? Etwa 70 Kilometer braucht es, um einmal rund um die Metropole zu kommen. Der Innsbruck Ultra Trail ist geboren. Mit Ausnahme von kurzen Transferetappen durch das Inntal auf rund 575 Metern Seehöhe bleibt man dabei stets in alpinen Gefilden und kann fast an der magischen 3000er Höhenmarke kratzen, wenn man es darauf anlegt. Es gibt viele Variationsmöglichkeiten dieser Stadtumrundung. Die meisten Varianten haben eines gemeinsam: Man bewegt sich nicht auf monotonen Straßen und geteerten Wegen. Enge Kurven, Wurzeln, Erdtreppen, schottrige Wege, steinige Wege. Durch eine Schlucht, im feuchten Nordwald, durch den heißen, sonnenbeschienenen Südhang. Kleine Gassen und entlang epischer Höhenlinien. Diese Tour ist ein Abenteuer.

Die Tour ist ein einzigartiger Kontrast zwischen Stadt und Berge in einem. Für Bergläufer wird sie wohl bald – in dieser noch recht jungen Sportart – einer der weltweiten Trailrun-Klassiker.

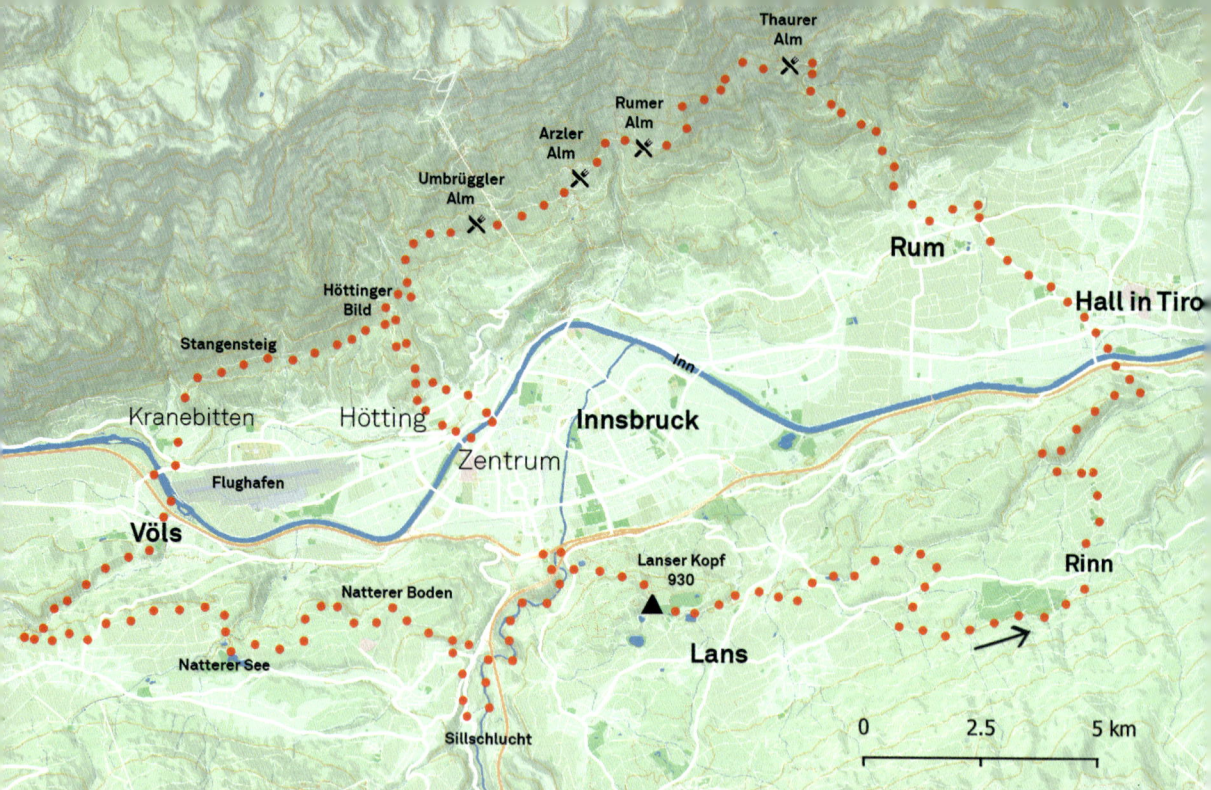

Schwierigkeit ● ● ● ● ●

Anreise Öffentliche Verkehrsmittel
Rückfahrt an diversen Stellen per Bus, Tram oder
Zug möglich.

Dauer
10h, 70km

Aufstieg/Abstieg
2600hm / 2600hm

Höchster/Tiefster Punkt
1600m / 555m

Start/Ziel
Innsbruck Marktplatz
(Koordinaten: geogr. 47.267888,11.390580)

Beste Jahreszeit
Mai bis September

Einkehrmöglichkeiten
• Innsbruck
• Völs
• Götzens
• Mutters
• Rinn
• Hall in Tirol
• Diverse Hütten

Tipps
GPS-fähiges Gerät und Smartphone zur Navigation empfehlenswert. Alternativen je nach Gusto.
Umrundung auch als Mehrtages-Hüttenwande-
rung machbar.

Trailrunning

Wegbeschreibung

Aufgrund der Länge der Tour können hier nur die groben Etappen angegeben werden. Für die detaillierte Routenfindung bitte den GPS-Track nutzen.

Streckenverlauf: Innsbruck Zentrum – Hötting – Stangensteig – Kranebitten – Flughafen – Völs – Nasses Tal – Akademikersteig – Natterer See – Eichhoftrail – Natter Boden – Natters Gärberbach – Sillschlucht – Bretterkeller (Innsbruck) – Lanser Kopf – Seerosenweiher – Mühlsee – Rans – Herzsee – Asten – Rinn – Judenstein – Kienberg – Hall in Tirol – Thaur – Thaurer Schloss – Thaurer Alm – Vintl Alm – Rumer Alm – Arzler Alm – Umbrüggler Alm – Höttinger Bild – Innsbruck Zentrum.

Alternativen

Es sind viele Varianten dieses Trails denkbar. Die „kürzeste" sinnvolle Strecke rund um Innsbruck hat etwa 60 Kilometer und 1700 Höhenmeter („Mittelgebirgs-Runde"). Die sportlicheren Varianten reichen bis zu einer Distanz von rund 150 Kilometern mit etwa 8000 Höhenmetern („High Alpine"-Variante), die die unmittelbaren Berge rund um Innsbruck vereint.

Tipp: In der High Alpine-Variante den Goetheweg und Zirbenweg (siehe Kategorie Wandern) nicht verpassen.

Die Innsbruck-Umrundung kann mit guter Planung auch als Mehrtageswanderung mit Hüttenübernachtung durchgeführt werden.

Fototipps

Auf den insgesamt 70 Kilometern finden sich verschiedene abwechslungsreiche Fotospots. Sillschlucht, hügelige Wiesenlandschaften, Tiefblicke von der Nordkette nach Innsbruck sowie die malerische Altstadt in Hall. Wer mehr Aussicht möchte, kann sich diese durch mehr Höhenmeter und Wegstrecke an der Nordkette, Mutterer Alm oder am Patscherkofel erkämpfen.

MOUNTAIN-BIKE

„Mit Flow auf Fels
und alten Pfaden."

Arzler Alm-Trail

Der einzig legale Innsbrucker Biketrail.

Was etwas traurig und wie aus dem letzten Jahrtausend kommend klingt, ist für die Innsbrucker Biker und Besucher leider noch immer Realität. Der Arzler Alm-Trail ist bis einschließlich 2020 der einzig legal befahrbare Trail rund um Innsbruck außerhalb eines Bikeparks. Die ungünstige Rechtslage und die Weigerung vieler Eingeborener, Neuem positiv gegenüber zu stehen, tut der Qualität des Trails aber keinen Abbruch.

Der noch recht junge Trail findet in der Schüler-, Studenten- und Feierabend-Bikerszene große Resonanz. Er ist von Innsbruckern für Innsbrucker gebaut. Der Arzler Alm-Trail zählt daher definitiv nicht zu den einfachen Murmelbahn-Trails, die man sonst oft in Stadtnähe legal findet. Das zur Verfügung stehende Gelände ist recht beengt und zudem teilweise sehr steil, einige ausgesetzte Stellen und enge Kehren sowie lustige Wellen machen den Trail dafür erst so besonders. Hier kommt keine Langeweile auf, eher im Gegenteil! Erst nach mehrfachem Befahren kennt man die besonderen Ecken und Kanten und kann sich als fortgeschrittener und sehr guter Biker immer weiter voran tasten. Das After-Trail-Eis bzw. Kaltgetränk gehört zur neuen Innsbrucker Nicht-Winter-sondern-Sommerbergsport-Lebensart wie der Käse in den traditionellen Kaspressknödel.

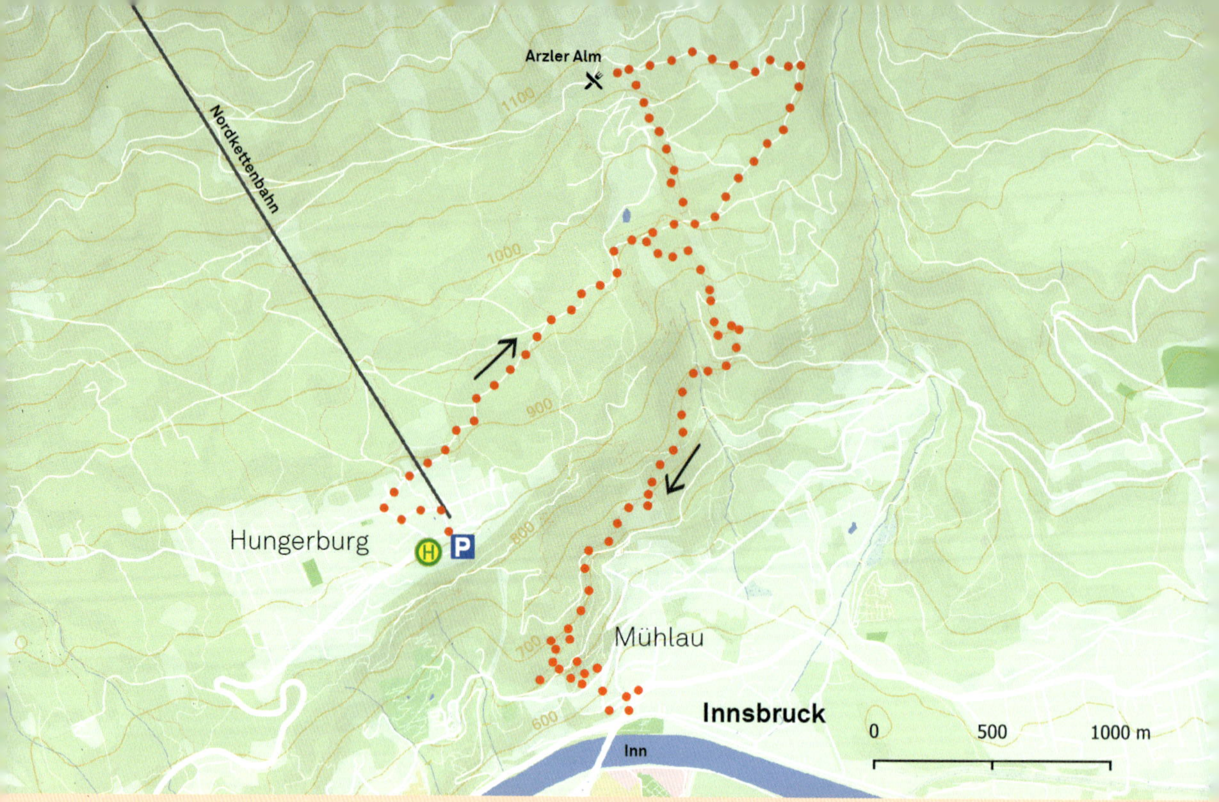

Arzler Alm

Nordkettenbahn

1100

1000

900

800

700

600

Hungerburg

Mühlau

Innsbruck

Inn

0   500   1000 m

Schwierigkeit ● ● ● ○ ○

Anreise Öffentliche Verkehrsmittel
Vom Stadtzentrum in Innsbruck (bspw. Halte-
stelle "Marktplatz") mit dem Bus J Richtung
"Nordkette" bis zur Haltestelle "Hungerburg".

Dauer
1,5h, 7,5km

Aufstieg/Abstieg
255hm / 540hm

Höchster/Tiefster Punkt
1080m / 575m

Start/Ziel
Hungerburg
(Koordinaten: geogr. 47.285827,11.398948)

Beste Jahreszeit
März bis Dezember

Einkehrmöglichkeiten
• Hungerburg
• Arzler Alm
• Innsbruck Zentrum

Tipps
Bikewash am Hungerburg-Parkplatz und an der
Station Löwenhaus. Der Nordkette-Singletrail ist
ebenso legal und auch befahrbar. Da er aber nur
für sehr gute Biker mit Hang zum Masochismus
zu gebrauchen ist – und auch bei Locals mehr
Frust als Lust verursacht – betrachten wir ihn
nicht als sinnvolle legale Möglichkeit. Zudem
fehlen dem Trail legale, einfache Alternativen
für die schwierigen Zonen.

Mountainbike

Wegbeschreibung

Startpunkt ist an der Hungerburg oder für sportliche Biker die Innsbrucker Innenstadt. Ab der Hungerburg dem gut ausgeschilderten Fahrweg zur Arzler Alm folgen. Etwa 300 Meter vor beziehungsweise östlich der Arzler Alm, wo der Forstweg Richtung Mühlauer Quelle abzweigt, ist der gut markierte Einstieg in den Trail. Der Verlauf ist sehr gut markiert und nicht zu verfehlen.

Der erste Abschnitt bis zum Lawinendamm ist murmelbahnartig und fahrtechnisch eher einfach, bietet aber einige spannende Steilkurven und Sprünge (mit Chickenways).

Der zweite Abschnitt führt vom Lawinendamm direkt hinunter in die Stadt. Hier ist das Gelände etwas abwechslungsreicher: langgezogene Steilkurven, enge Kehren, unübersichtliche Kuppen, kleine Schluchten und Felspartien wechseln sich ab. Der Trail endet direkt im Innsbrucker Ortsteil Mühlau. Von hier über die Straße und weiter entlang dem Inntal-Radweg in die Innenstadt.

Alternative: Ein Einstieg ohne Uphill und mit einfacherer Wegestruktur startet etwas östlich fast direkt ab der Station Hungerburg.

Fototipps

Der Trail verläuft fast durchweg im Wald. Gute Action-Bilder lassen sich aufgrund der hohen Kontraste nur selten bei Sonnenschein schießen, sondern eher bei flachem Licht, Wolken oder Nebel. Nah ran – und noch näher ran – ist bei Actionshots das Gebot der Stunde. Am Einstieg des Trails ist je nach vorheriger Lawinenaktivität teils ein guter Tiefblick in die Stadt möglich. Mutterer Alm oder am Patscherkofel erkämpfen.

Verbotene Biketrails

Alles verboten –
und doch genutzt.

Spaß mit dem Mountainbike kann man in Innsbruck nahezu überall haben – doch fast überall ist es offiziell verboten! Im Jahr 1975 wurde das Gesetz dazu in Österreich eingebracht. Sind es moralische Gründe oder die bekannte österreichische Wurstigkeit (= gleichgültige Einstellung)? Jedenfalls sind die Wege in Tirols Bergen und Wäldern täglich tausendfach befahren – ohne Auseinandersetzungen mit gerichtlichem Nachspiel.

Die Singletrails am Lanser Kopf und in der Hungerburg-Region erfreuen sich seit mindestens den 1990er Jahren großer Beliebtheit und sind aus der Sportstadt Innsbruck nicht wegzudenken.

Hinweis: Leider können hier aufgrund der aktuellen rechtlichen Lage keine spezifischen Trails beschrieben werden. Wir bitten um Entschuldigung und geben unser Bestmögliches, entsprechend der aktuellen Situation zu reagieren.

Hochalpine Traumtrails

Steil und fordernd.

Innsbruck ist mit seiner nest-artigen Lage umringt von traumhaften Wanderbergen, fast alle erreichbar über Wanderwege. Wer sich nicht scheut, sein Mountainbike zu schieben und zu tragen, und zudem technisch versiert und erfahren ist, kann eine Vielzahl echter Traumtrails rund um Innsbruck entdecken.

Bis 2200 Höhenmeter geht es an einigen Stellen durchwegs bergab. Bergbahnen, Straßen und ein dichtes, recht logisch angelegtes Netz an Forststraßen erleichtern die Aufstiege. Die Möglichkeiten sind vielseitig, die Touren oftmals anstrengend und die Wanderwege oft recht hakelig, steil und mit vielen Stufen angelegt.

Für den Genuss der Innsbrucker Traumtrails sollte man als Biker schwierige Wege flüssig meistern (Singletrail-Skala: S3), fortgeschrittene Trailtechniken wie Hinterradversetzen beherrschen und steile Abschnitte und Stufen sicher meistern können. Außerdem sollte man gut zu Fuß sein, trittsicher und keine Höhenangst besitzen. Die Innsbrucker Traumtrails sind deutlich anspruchsvoller als vergleichbare Wege in bekannten Regionen wie dem Vinschgau (Italien) oder dem Wallis (Schweiz).

Schwierigkeit ● ● ● ● ○

Citytrails

Tausendmal berührt,
tausendmal ist nichts
passiert.

Stadtnah in den angrenzenden Waldgebieten werden Mountainbiker auf vielen Almhütten, Forststraßen aber auch Wanderwegen täglich gesichtet. Im unteren Teil der Nordkette und am Paschberg bzw. Lanser Kopf und Viller Kopf hat sich im Verlauf der letzten 30 Jahre ein kleines Trailnetz herausgebildet.

Paschberg

Lange Jahre war der Lanser Kopf im Innsbrucker Süden das beliebteste Ausflugsziel für Biker. Die Straßenbahn nahm die Fahrer mit zum Ausgangspunkt in Nähe des Lanser See. Die wenigen Strecken wurden so entsprechend hoch frequentiert.

Mit gestiegener Popularität des Enduro-Bikens haben die Strecken seit etwa 2015 wieder an Popularität zugewonnen. Der Paschberg (Lanser und Viller Kopf) gilt als das Feierabendrunden-Ziel vieler Enduro-Biker.

Die Hanglagen am Lanser Kopf sind topografisch deutlich weniger steil als die Nordketten-Seite, hier sind die Singletrails eher einsteigertauglich, werden von Downhillern und Endurofahrern gerne befahren. Viele schnelle Kurven, einige Anlieger und Wurzelteppiche würzen die Abfahrten.

Schwierigkeit ● ● ● ○ ○

Nordkette

Die Wanderwege an der Nordkette sind allesamt recht steil für Mountainbiker. Wer aus der Stadt hin zur Nordkette oder von der Seegrube nach unten blickt, sollte sich darüber im Klaren sein: Die Wege hier sind kein rollender Sonntagsspaziergang. Versierte Techniken wie Hinterradversetzen sind meist nötig. Die Wege sind so steil, dass man fast nie die Bremse entlasten kann und sich die Reifen oft am Reibungslimit am Untergrund entlanghangeln. Wer Flowtrails sucht oder seine ersten Schritte auf Singletrails macht, ist hier definitiv fehl am Platz. Technisch versierte Fahrer hingegen finden vielerlei spannende und recht leicht erreichbare Trailstücke.

Mit Wanderern ist insbesondere an Wochenenden oder zu Abendzeiten zu rechnen.

Schwierigkeit ● ● ● ● ○

Grenzkamm-Trail

Bike-Flüchtlinge an der alten Brenner-Grenzkammstraße.

Wer in Innsbruck legale Biketrails befahren will, kann sich entweder mit den Bikeparks zufrieden geben oder am besten über die nahen Grenzen flüchten. Die Tour am Brenner Grenzkamm ist nicht nur legal, sondern zudem einzigartig ob ihrer Historie und Lage.

Am Alpenhauptkamm gibt es einige alte Militärfahrwege in hochalpinem Gelände. Wenige davon sind allerdings so perfekt für Biker geeignet wie am Brenner-Grenzkamm. Auf rund 2000m schlängelt sich die alte Fahrstraße, die aufgrund der Verwitterung teils nur noch ein schmaler Wanderweg ist, den glazial abgeschliffenen Wiesenhängen entlang. Tiefblicke Richtung Pflerschtal und Brenner gibt es ganz ohne Kriegsscharmützel zum Trailvergnügen hinzu. Und als Bonus finden Trailfahrer, ob Profi oder Einsteiger, angenehme Wege, um die erfahrenen Höhenmeter mit Spaß zu vernichten.

Je nach Witterung kann diese Südseitentour bereits ab Ende April befahrbar sein.

Hinweis: Der Rückweg will gut geplant sein und sollte etwas Zeitpuffer beinhalten. Je nach Stimmung und Laune des Schaffners und Tageszeit werden die Räder nicht immer in den Zügen transportiert.

Schwierigkeit

Anreise Öffentliche Verkehrsmittel
Mit dem Zug von Innsbruck bis zum Bahnhof in
Steinach am Brenner.

Dauer
7h, 35km

Aufstieg/Abstieg
1566hm / 1547hm

Höchster/Tiefster Punkt
2201m / 1046m

Start/Ziel
Steinach am Brenner

Beste Jahreszeit
Mai bis Oktober

Einkehrmöglichkeiten
• Vinaders
• Sattelbergalm
• Gossensass
• Brenner

Tipps
Rückfahrt mit Zug, Umsteigen am Brenner. Falls
Zug nicht möglich bis Brenner Bahnhof entlang
des geteerten Fahrradweges und hier den Zug
versuchen. Sollte auch hier der Fahrradtransport
verweigert werden, kann man auf der Bundesstraße effizient zurück nach Innsbruck treten.

Besondere Gefahren
Einfache, aber recht lange Tour. Fahrradtransport im Zug kann mitunter verweigert werden.

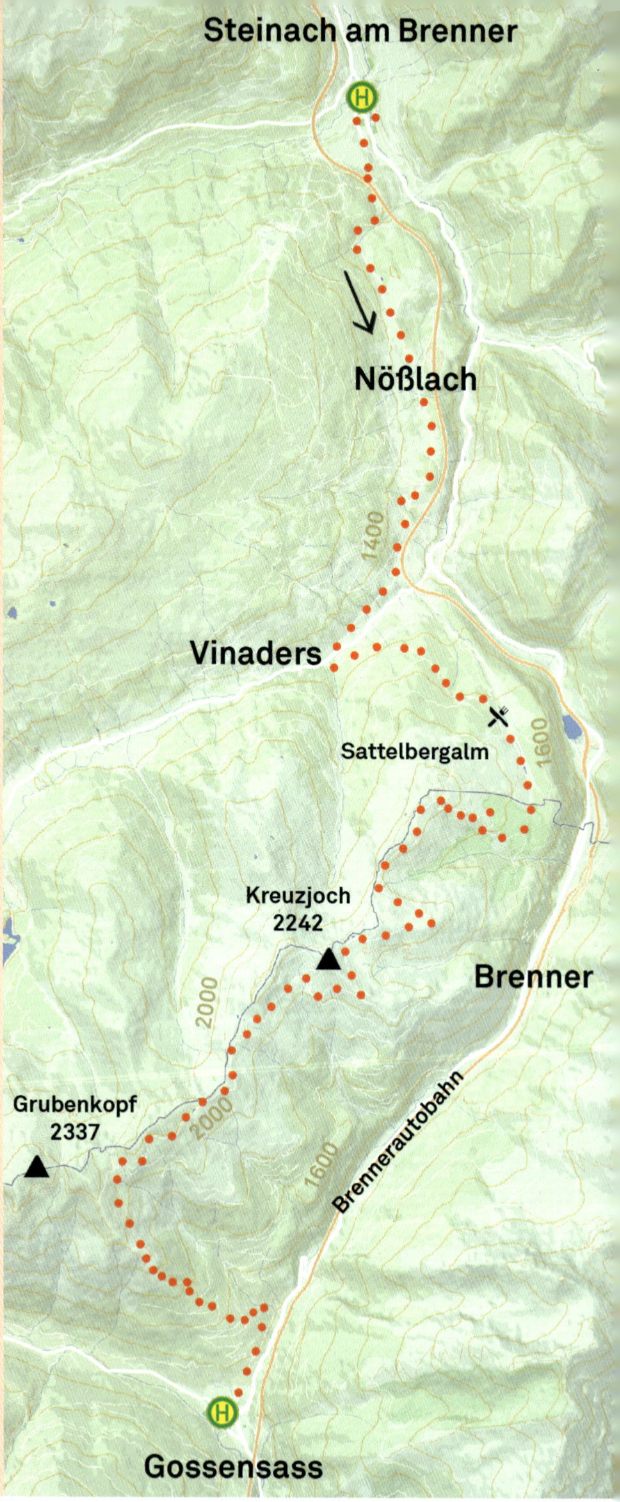

Mountainbike

Wegbeschreibung

Vom Bahnhof Steinach am Brenner zunächst über eine Seitenstraße über Nößlach nach Vinaders. Von hier bergauf zur Sattelbergalm. Über den Wanderweg oder den ausgeschilderten Bikeweg entlang der beliebten Alpencross-Route hinauf auf rund 1900m auf die Grenzkammstraße. Dem Militärweg einige Zeit entlang folgen, bis linkerhand der Wanderweg Nr. 1 nach Gossensass ausgeschildert ist. Der Trail beginnt mit wunderbarem Wiesen-Flow und führt in Höhe des Waldes nun einfacher und flacher durch viele einfache Spitzkehren bis fast hinunter nach Gossensass. Die letzten Meter sind auf den Fahrstraßen bis zum Bahnhof zurück zu legen.

Zurück per Zug bis Brenner und Umsteigen bis Innsbruck oder alternativ auf dem gut ausgebauten und markierten Fahrradweg bis zum Brenner. Ab der österreichischen Seite kann nur die Bundesstraße befahren werden. Diese führt effizient und fast durchgehend leicht bergab bis nach Innsbruck.

Alternative: Vom Brenner Grenzkamm gibt es auf Steig Nr.32 eine anspruchsvolle Variante ins Pflerschtal. Der Trail endet in Ast und man rollt dann das Pflerschtal bis nach Gossensass hinaus. Diese Variante ist technisch anspruchsvoll.

Fototipps

Die beliebtesten Ausblicke und das schönste Panorama findet man auf dieser Tour entlang des Grenzkamms. Neben dem Panorama sind die verbliebenen und großteils verfallenen militärischen Grenzanlagen als „Lost Places" für Fotografen ebenso interessant. Auf dem Trail sind die ersten Abschnitte oberhalb der Waldgrenze mit Tiefblick nach Gossensass sicherlich am beeindruckendsten.

Bikeparks

Das Skifahren des Sommers.

Liftunterstütztes Fahrradfahren ist der große alpine Trendsport. Seit den 1980er Jahren hat sich Technik und Material rasant fortentwickelt und so den Sport einer breiten Nutzerbasis zugänglich gemacht. Ausgefeilte Rahmenkonzepte und Dämpfereigenschaften sowie motorisierte Mountainbikes und ebenso die Liftnutzung der Skigebietsanlagen machen die Sportart immer beliebter. Downhillbiken entwickelt sich zum Skifahren des Sommers.

 Zwar fanden die ersten Downhillrennen in den 1980er Jahren in Österreich statt, dennoch haben die Tiroler den Radsport erst im Laufe der letzten wenigen Jahre für sich entdeckt. Die meisten Möglichkeiten sind für Bergab-Radsportler noch recht überschaubar und auch qualitativ nicht mit den ausgereifteren Konzepten in den West- und Südalpen oder in anderen Bergregionen weltweit vergleichbar. Möglichkeiten, die Reifen und Bremsen glühen zu lassen, gibt es dennoch ausreichend. Das Angebot wird die kommenden Jahre wohl stark wachsen und die hier beschriebenen Spots bereichern, erweitern und verbessern.

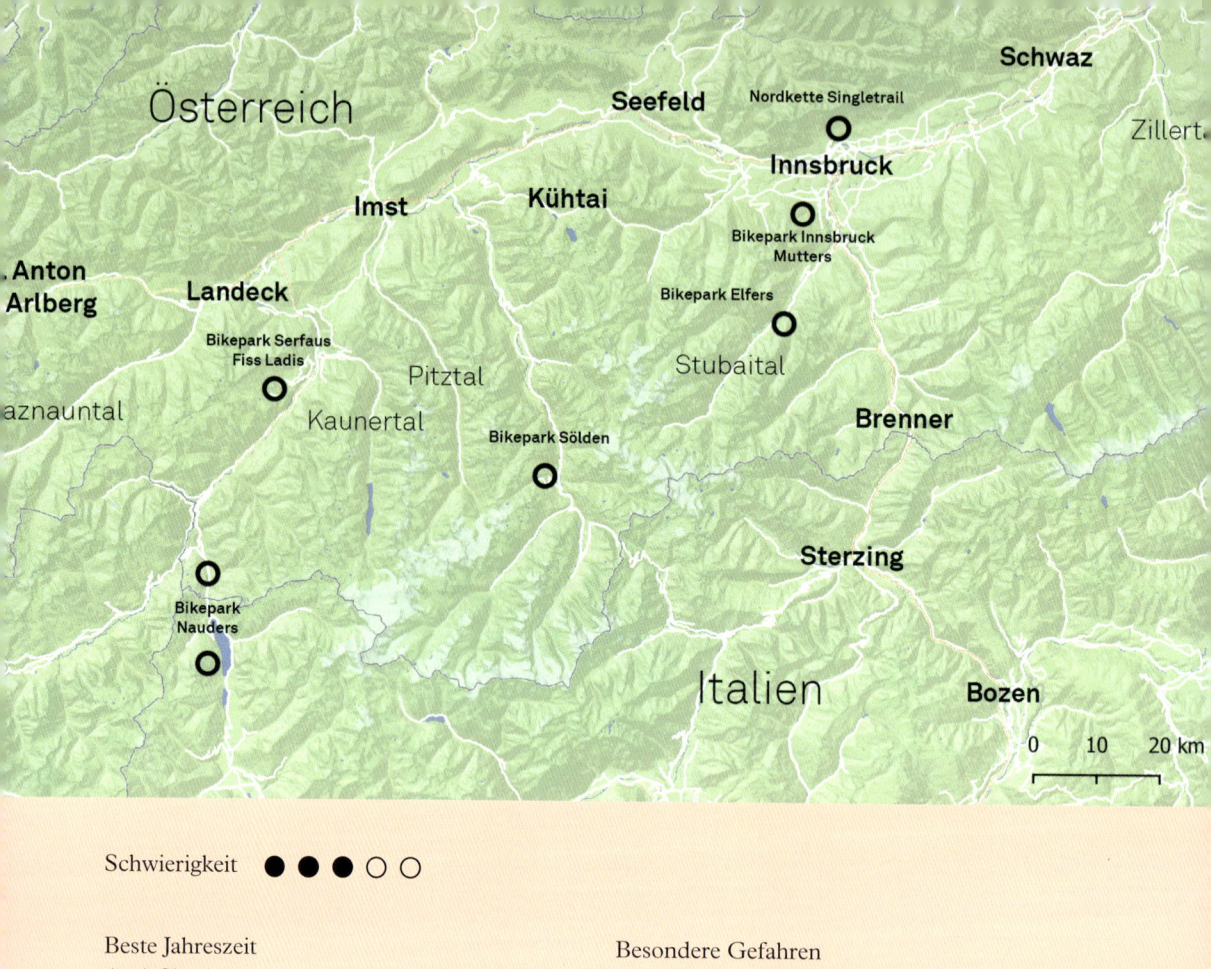

Schwierigkeit ● ● ● ○ ○

Beste Jahreszeit
Juni-Oktober

Tipps
Bitte beachten: In Österreich gilt das strenge
Forstgesetz. Mountainbiken außerhalb gekenn-
zeichneter Strecken ist verboten.

Besondere Gefahren
Bitte mit den allgemeinen Spielregeln in einem
Bikepark vertraut machen.

Innsbruck Bikepark

Der Bikepark Innsbruck befindet sich im Skigebiet Mutters bei der Mutterer Almbahn. Erst 2016
in Betrieb genommen entwickelt sich das Angebot hier immer weiter, wenn auch nur schleppend
und mit größeren Schwierigkeiten. Aktuell weist
der Bikepark zwei bzw. vier Trails (je nach Zählart)
aus. Die Trails verlaufen in gut geeignetem Gelände

Schwierigkeit ● ● ○ ○ ○

Ort
Mutterer Almbahn

nicht zu steil und nicht zu flach. Das hier ist jedenfalls der Ort, an dem die lokalen Downhiller offiziell
und erlaubt ihre Runden drehen.

Mountainbike

Nordkette Singletrail

Der wohl älteste offizielle Bike-Trail in Innsbruck und Tirol ist der Nordketten Singletrail.
Eine Handvoll lokaler Biker hatte diesen Trail
nach eigenen Gutdünken in die Waldschneise der
Nordkettenbahn bauen dürfen. Heute gilt er als
einer der schwersten, weil steilsten, Bikepark-
Trails der Alpen. Ob man hier Spaß haben kann,
ist sicher subjektiv. Wo die meisten Biker, die
diesen Trail einmal probieren, nach einer einfachen Alternative fragen, erfreuen sich wenige
Steilfahrspezialisten an den engen Spitzkehren.
Oft mit stuhl- und tischhohen Stufen durchsetzt,

Schwierigkeit ● ● ● ● ●

Ort
Nordkette / Innsbruck

muss man hier sein Mountainbike außeror-
dentlich gut beherrschen. Es gibt keine offiziell
erlaubten Alternative dazu. In Verbindung mit
dem Arzler Alm-Trail gelangt man zurück bis fast
in die Stadt auf einem Singletrail.

Nauders

Der Bikepark in Nauders verbindet mehrere Lifte
zwischen Nauders und dem Reschensee. Die Wege
sind weniger für Downhill-Vollgaspiloten, sondern
eher für Endurofahrer geeignet. Die Trails sind
etwas eckiger, individueller angelegt und einige
Strecken erfordern kurze oder längere Uphill-Stre-
cken. Die Bike-Runde, die damit zwischen Nauders und dem Reschensee entsteht, hat viele Fans

Schwierigkeit ● ● ● ○ ○

Ort
Nauders/Reschen

und erfreut sich auch bei Transalp-Fahrern großer
Beliebtheit.

Sölden

Der Bikepark in Sölden ist nicht gar nicht so alt und hat sich dank größerer Bemühungen und Investitionen zu einer bekannten Marke gemacht. Im Jahr 2020 finden sich hier rund ein Dutzend Trails, die sich zwischen dem Gletscherskigebiet und Sölden verteilen. Neben den Bikepark-Trails gibt es im Ötztal einige offizielle

Schwierigkeit ● ● ○ ○ ○

Ort
Sölden / Ötztal

Shared Trails, die das Angebot für Enduristen und All Mountain-Fahrer erweitern.

Elferlifte

Der kleine Bikepark im Stubaital umfasst im Jahr 2020 zwar nur zwei Strecken, die allerdings beide eine ordentliche Höhenmeterdistanz überwinden. Das Gelände ist allgemein relativ steil, daher fühlen sich gerade auf der schwierigeren Strecke „EinsEinser" insbesondere erfahrene Singletrail- und Endurofahrer sehr gut

Schwierigkeit ● ● ● ○ ○

Ort
Neustift i. Stubaital

aufgehoben. Wer einen steilen und technischen Parcour schätzt, ist hier nicht verkehrt.

Fiss-Serfaus-Ladis

Einer der ersten und weiterhin größten Bikeparks der östlichen Nordalpen befindet sich in Fiss-Serfaus-Ladis. Das generell eher mäßig geneigte Almgelände ist ideal für Einsteiger und Fortgeschrittene. Die meisten Strecken sind entsprechend einfach und oft breit angelegt. Einige davon erhalten gar das Prädikat „kinderwagentauglich". Natürliche Singeltrails

Schwierigkeit ● ● ○ ○ ○

Ort
Fiss / Serfaus / Ladis

und Downhill-Alternativen, die auch gute Fahrer fordern und zum Spielen mit den angelegten Hindernissen einladen, sind ebenso vorhanden.

Fototipps
Downhillen ist Actionsport – als Fotograf bekommst du gute Bilder, wenn du die Action der Athleten ablichtest. Geh daher nah ran und hol die Action aus der Bewegung. Der Vorteil gegenüber dem Wintersport: Um den perfekten Shot zu kriegen, kannst du die Action so oft wiederholen wie die Fotomodels bereit sind, noch einmal das Segment hochzuschieben.

Höttinger Alm

Klassische Feierabendrunde mit Trailoption.

Die Höttinger Alm gilt unter sportlichen Wanderern und Mountainbikern gleichsam als die Feierabendrunde. Satte 900 Höhenmeter sind aus der Innenstadt ohne echte Verschnaufpause steil bergan zu bewältigen.

Erst oben kurz vor dem Ziel öffnet sich der Blick hinunter zur Stadt. Die malerisch gelegene Terrasse der Alm bietet Raum zum Verschnaufen – Zeit, die Energiereserven wieder aufzufüllen! Es wird gemunkelt, dass so mancher Sportler die Runde gar nur wegen der klassischen Kaspressknödel und einer Hopfenkaltschale nach hier oben in Angriff nimmt. Die Aussicht ist in jedem Fall auch über diesen Zweifel erhaben.

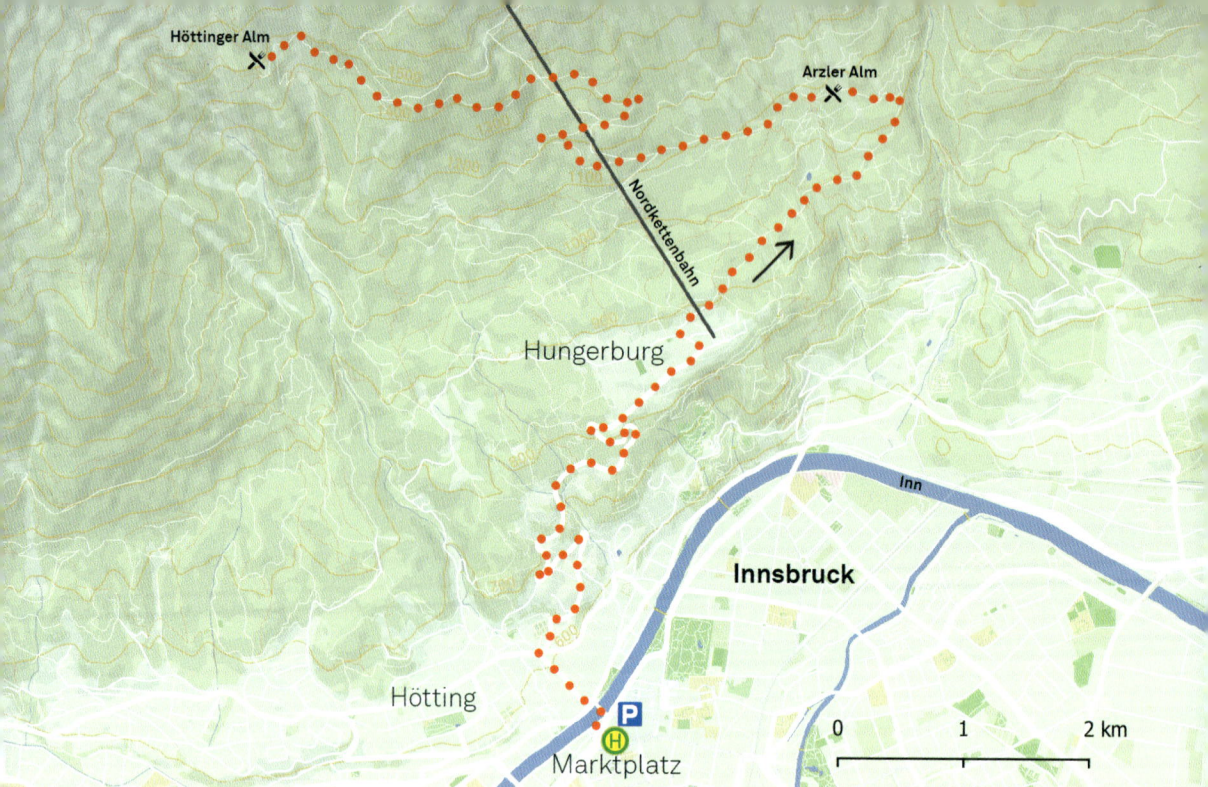

Schwierigkeit ● ● ○ ○ ○

Dauer
3h, 24km

Aufstieg/Abstieg
920hm / 920hm

Höchster/Tiefster Punkt
1487m / 575m

Start/Ziel
Marktplatz
(Koordinaten: geogr. 47.189173, 11.385752)

Beste Jahreszeit
April bis Oktober

Einkehrmöglichkeiten
• Arzler Alm
• Höttinger Alm

Tipps
Trailalternative Arzler Alm-Trail für den Weg bergab.

Besondere Gefahren
Keine

Wegbeschreibung

Startpunkt der Tour ist am Marktplatz. Steil geht es direkt hoch nach Hötting und entlang der Hungerburgstrasse bis zur Hungerburg (868m). Von hier folgt man der MTB-Wegbeschilderung zur Arzler Alm / Höttinger Alm entlang dem Fahrweg. An der Arzler Alm (1067m) weiter bergauf folgen. Nach zwei Spitzkehren folgt die Schlussgerade. Etwa 200 Meter vor der Alm flacht der Fahrweg ab und der Weg zur Höttinger Alm (1487m). Rückfahrt wie Auffahrt.

Alternativer Downhill: Kurz nach der Arzler Alm rechts in den gut markierten Arzler Alm Singletrail abbiegen und bis Stadtteil Mühlau folgen (nur für fahrtechnisch sehr gute Tourenbiker zu empfehlen).

Tipp: Die Tour führt zwar meistens durch Wald, ist aber aufgrund der Südhang-Lage im Hochsommer an heißen, sonnigen Tagen nur in den frühen Morgen- und Abendstunden zu empfehlen. Dafür ist die Tour, je nach Schneelage, oft auch bis weit in den Winter hinein fahrbar (Gesetzes- und Lawinenlage beachten).

Fototipps

Der fotografische Star dieser Mountainbikerunde ist die Terrasse der Höttinger Alm. Der Tiefblick in die Stadt ist unter Innsbrucker Sportlern mehr als nur bekannt.

Höttinger Alm

Patscherkofel Hüttentour

Klassische Mountainbike-
Runde zu den
Innsbrucker Bike-Almen am
Patscherkofel.

Der Patscherkofel ist der selbsternannte Hausberg der Innsbrucker. Die legale MTB-Strecke führt landschaftlich reizvoll durch einige kleine Dörfer südlich von Innsbruck und auf deren Almen. Hier am Südbalkon der Stadt trifft man viele Einheimische bei ihrer Feierabend- oder Wochenendrunde beim Spazieren oder Mountainbiken. Die Hütten sind allesamt recht traditionell und bieten zünftige Tiroler Küche. Das wird von den Gästen gefordert und auch geschätzt.

Die MTB-Runde führt vornehmlich durch Schatten spendenden Wald am Nordhang und ist daher besonders im Hochsommer eine Möglichkeit, der Talhitze zu entfliehen. Die Runde verknüpft die landschaftlich schönsten Orte mit einigen Hütten sowie einem Höhenweg und bietet oft einen traumhaften Panoramablick auf Innsbruck und die imposante Nordkette.

Doch Vorsicht: Die Anstiege zu den Almen sind recht steil und für untrainierte Mountainbiker nur unter sehr großen Anstrengungen zu meistern. Nicht selten sieht man hier daher auch E-Biker.

Schwierigkeit ● ● ● ○ ○

Anreise Öffentliche Verkehrsmittel
Innsbruck Haltestelle Tivoli / Landessportcenter

Dauer
5h, 32km

Aufstieg/Abstieg
1220hm / 1220hm

Höchster/Tiefster Punkt
1711m / 580m

Start/Ziel
Innsbruck Tivoli / Landessportcenter
(Koordinaten: geogr. 47.257152,11.412078)

Beste Jahreszeit
April bis Oktober

Einkehrmöglichkeiten
• Rinner Alm
• Aldranser Alm
• Sistranser Alm
• Lanser Alm (1718m)

Mountainbike

Wegbeschreibung

Diese MTB-Tour wird am Besten nach GPS gefahren. Die wichtigen Wegpunkte sind:
 Innsbruck Tivoli / Landessportcenter – Schloss Ambras – Aldrans – Herzsee – Wiesenhöfe – Rinn – Rinner Alm (1394m) – Aldranser Alm (1511m) – Sistranser Alm (1608m) – Lanser Alm (1718m) – Lans – Igls – Vill – Innsbruck.
Hinweis: Einige Passagen führen über Straßen. Alternative Forstwege und wenige Trails entlang der beschriebenen Runde sind optional fahrbar, können aber aufgrund der gesetzlichen Regelung hier derzeit nicht näher beschrieben werden.

Fototipps

Fotogen sind bei dieser Hüttentour die Almhütten sowie der Ausblick vom Südbalkon hinunter nach Innsbruck. Auch die deftigen Mahlzeiten auf der Almhütte sind ein begehrtes Fotomotiv. Da die Tour vornehmlich im Wald verläuft, genießt man die wenigen Aussichtsorte (meist von den Terrassen der Hütten) umso mehr.

Blaser

Entspannte Mountainbike-tour im Blumenparadies.

Mit nur rund 2200m Höhe ist der Blaser ein recht unscheinbarer Grashügel. Zwischen den Bergriesen der Stubaier und Zillertaler Alpen geht er regelrecht verloren. An sich würde er keine besonderen geografischen Merkmale aufweisen. Doch seine Lage ist die Grundlage für viele, kleine Überraschungen, die man im Detail finden kann.

Die Besonderheiten am Blaser finden sich in der Vielfalt der Flora und Fauna. Etwas südlich von Innsbruck im Wipptal gelegen, wurde der Blaser von steinzeitlichen Gletschern rundgeschliffen. Er war zudem in den Weltkriegen lange Zeit so nah an den umkämpften Grenzlinien, dass sich hier niemand freiwillig aufhalten wollte. Dank traditioneller Almwirtschaftsmethoden und nur begrenzter Kuhhaltung ist der Blaser heute das Blumenparadies der Nordalpen.

Radfahrer und Mountainbiker können sich am Anblick der Vielfalt der Pflanzen am Wegesrand bereits beim Hinaufkurbeln erfreuen. Nicht allzu schwierig führt die Route von Steinach entlang des Gschnitzbaches nach Trins und von dort in moderater Steigung zur Waldgrenze. Ab dort führt ein guter, aber nun etwas steilerer Schotterweg zur Blaserhütte.

Empfehlenswert ist der kurze Abstecher auf den Blaser (2241m) Gipfel. Hier findet sich eine herrliche Aussicht auf die traumhaften Bergmähder und in die umliegende, wenig verbaute Bergwelt.

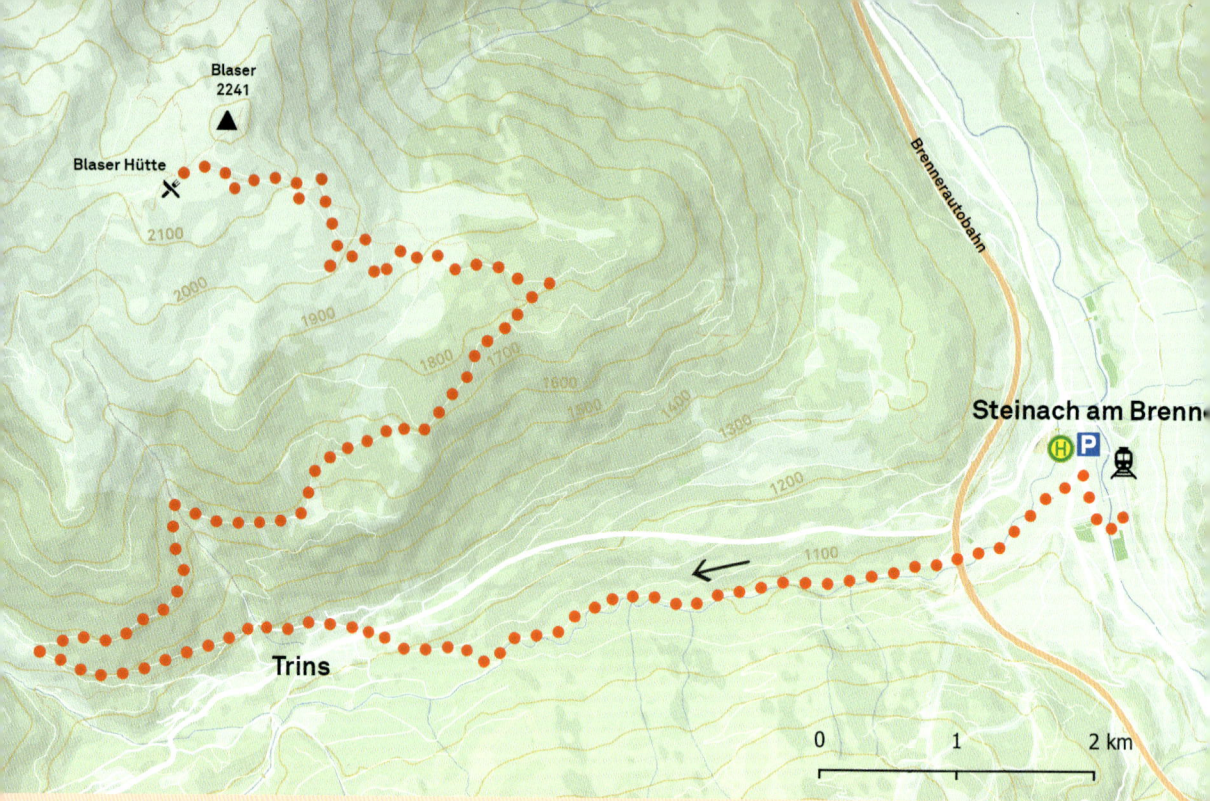

Schwierigkeit ● ● ● ○ ○

Anreise Öffentliche Verkehrsmittel
Vom Hbf Innsbruck Zug Richtung Brenner bis
Steinach am Brenner.

Dauer
4h, 26,5km

Aufstieg/Abstieg
1135hm / 1135hm

Höchster/Tiefster Punkt
2180m / 1046m

Start/Ziel
Steinach am Brenner Bahnhof
(Koordinaten: geogr. 47.089147,11.469458)

Beste Jahreszeit
April bis Oktober

Einkehrmöglichkeiten
• Trins
• Blaserhütte
• Steinach am Brenner

Tipps
Für Erkundungen der Flora und Fauna etwas
mehr Zeit einplanen. Am Blaser ist es zudem
oft sehr windig, die Tour besser nicht bei Süd-
föhn-Wetterlage planen.

Wegbeschreibung

Vom Bahnhof Steinach am Brenner (1049m) die Hauptstraße in südlicher Richtung nehmen und am Kreisel die dritte Ausfahrt in Richtung Trins / Gschnitztal. Der Straße nun bis Trins folgen. Im Ortskern Trins (1230m) direkt nach der Schule rechts die Straße Richtung Wanderparkplatz Blaser sehr steil bergan treten. Die Mountainbikeroute startet am Wanderparkplatz, führt stets entlang der Forststraße und ist gut beschildert. Der Weg ist fast durchweg mittelsteil bis zur Waldgrenze. Oberhalb der Waldgrenze folgt ein weiterer längerer Aufschwung, bis man schließlich das kleine Plateau erreicht und auch schon direkt an der Blaserhütte (2180m) ist. Abfahrt wie Auffahrt.

 Alternativer Start: Direkt am Wanderparkplatz etwas oberhalb von Trins.

Fototipps

Der Blaser ist aussichtsreich und bietet inmitten der beeindruckenden Stubaier und Zillertaler Alpen vielfältige Ausblicke. Besonderes Augenmerk kann man auf die Blumenvielfalt am Wegesrand legen. Hier wartet so manch unbekanntes Blümchen, das es zu entdecken gilt. Ebenso sind die traditionellen Heustadl oberhalb der Baumgrenze ein Erinnerungsfoto wert.

 Auf der Auffahrt / Abfahrt gibt der Wald hier und da mal den Blick zur Brenner-Autobahn frei, wie sie sich durch das Wipptal schlängelt.

RENNRAD

„O Sport, Du bist die Freude!
Sobald Dein Ruf ertönt, erhebt
der Leib in Wonne!"

PIERRE DE COUBERTIN

Stubaier Alpen-Umrundung

Der Alpenklassiker: Ötztaler Radmarathon.

Seit der Uraufführung im Jahr 1982 gibt es den Ötztaler Radmarathon als Radsportevent – manchmal auch kurz „Ötzi" genannt oder geografisch richtiger: Stubaier Alpen-Umrundung. Haben Streckenführung und Zielorte seitdem zwar variiert, bleiben die groben Daten, Tränen und in jedem Fall Schweiss und Schmerzen ähnlich.

238 Kilometer und 5500 Höhenmeter stehen seit den 1990er Jahren auf den Finisher-Trikots derjenigen, die das Event vor dem Zeitlimit geschafft haben. Die klassische Strecke führt über Innsbruck – Kühtai – Timmelsjoch – Jaufen – Brenner und zurück bis Innsbruck. Jeder ambitionierte Rennradfahrer träumt von dieser klassischen nördlichen Ostalpen-Radrunde und qualifiziert sich damit in den Kreis der erlauchten Passbezwinger.

Wem die Strecke für das erste Mal zu viel auf einmal ist, kann sie auch auf mehrere Tagesetappen aufteilen und optional mit Gepäcktransport organisiert durchführen.

Schwierigkeit ● ● ● ● ●

Dauer
16h, 225km

Aufstieg/Abstieg
5850hm/5850hm

Höchster/Tiefster Punkt
2474m/575m

Start/Ziel
Innsbruck
(Koordinaten: geogr. 47.265529, 11.384196)

Beste Jahreszeit
Juni bis Oktober

Einkehrmöglichkeiten
Diverse

Tipps
Witterungsabhängige Sperrzeiten der Passstraßen beachten. Bushaltestellen entlang der Strecke, Bahnhöfe zwischen Sterzing und Innsbruck.

Besondere Gefahren
Sicherheitsvorkehrungen für die Fahrt im Straßenverkehr beachten. Bitte eine angemessene Beleuchtung auch für eine eventuelle Nachtfahrt mitführen.

Wegbeschreibung

Diese Route folgt ausgeschilderten Land- und Bundesstraßen. Bis auf Start und Ziel in Innsbruck ist die Route daher auch ohne Navigationshilfe fahrbar. Folgende Wegpunkte genügen zur Navigation:

Innsbruck (575m) – Kühtai (2017m) – Sölden (1377m) – Timmelsjoch (2474m) – St. Leonhard in Passeier (689m) – Jaufenpass (2094m) – Sterzing (948m) – Brenner (1374m) – Innsbruck (575m).

Fototipps

Auch wenn für den Fahrer wenig Zeit sein wird: gute Fotospots sind jeweils in Nähe der Passhöhen, wenn die Fahrer bergauf kämpfen und die Anstrengung ins Gesicht gemeißelt ist.

Rundtour südliches Mittelgebirge

Mittelgebirgsrunde am Fuße des Patscherkofel.

Die Radtour am Fuße des Patscherkofel ist ein angenehmer Ausflug für Familien und sportliche Fahrradrunde zugleich. Die genussvolle Radrunde ist hügelig, aber weist bei weitem keine alpinen Steilheiten auf. Ins Schwitzen werden die meisten Radler bei den insgesamt 260 Metern Höhenunterschied dennoch kommen.

Als vielseitiges Freizeitprogramm führt der großteils gut ausgeschilderte Radweg auf Schotter und Asphalt durch idyllische Nutzlandschaften und kleine Dörfer. Der Ausgangspunkt ist leicht erreichbar per Bus mit Radtransport. Rennradfahrer wählen oft eine Variante dieser Tour und hängen noch ihre „Lieblingsrunde" über Axams und Oberperfuss an.

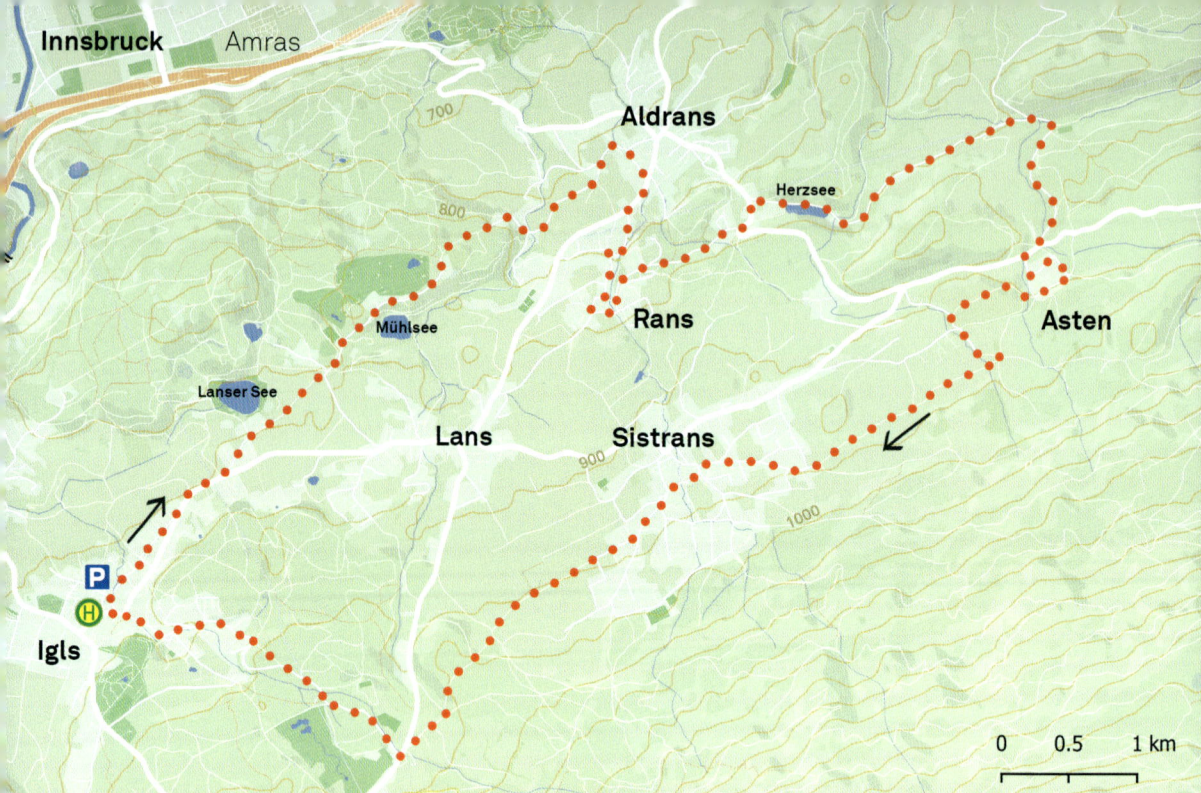

Innsbruck   Amras
Aldrans
Herzsee
Mühlsee
Rans
Lanser See
Lans   Sistrans   Asten
Igls

Schwierigkeit ● ● ● ● ●

Anreise Öffentliche Verkehrsmittel
Mit der Linie J von Innsbruck Richtung "Patscherkofel" bis zur Haltestelle "Igls Ortsmitte".

Dauer
4h, 16km

Aufstieg/Abstieg
260hm/260hm

Höchster/Tiefster Punkt
990m/760m

Start/Ziel
Innsbruck
(Koordinaten: geogr. 47.265529,11.384196)

Beste Jahreszeit
April bis Oktober

Einkehrmöglichkeiten
Diverse

Tipps
Witterungsabhängige Sperrzeiten der Passstraßen beachten.

Besondere Gefahren
Vorsicht Schotter! Ungeübte Rennradfahrer
wählen besser die beschriebene Alternative
"Lieblingsrunde".

Wegbeschreibung

Start der Tour ist in Igls Ortszentrum (870m). Von hier dem Radweg durch Wiesen und am Lanser See (840m) und Mühlsee vorbei bis Aldrans (760m) folgen. Nun bergauf über Rans und am Herzsee (812m) vorbei und weiter bergauf über Asten (886m) und später Starkensiedlung. Im weiteren Verlauf führt der Weg durch Wiesen und Felder bis Sistrans (919m). Durch den Ortskern weiter Höhe haltend geht der Weg durch ein kleines Waldstück bis zum Golfplatz Igls. Hier nun schließlich wieder bergab nach Igls Ortszentrum rollen.

Alternative

Für Rennradfahrer empfiehlt es sich, auf den Schotter-Abschnitten auf die Straßen auszuweichen und noch das südwestliche Mittelgebirge bis Axams anzuhängen. Damit wird die Tour etwa verdoppelt. Es geht also von Igls bergab Richtung Innsbruck Zentrum, über die Brennerstraße nach Natters. Weiter über Natterer See, Götzens, Birgitz, Axams, Sellrain, Oberperfuss, Ranggen und bergab ins Inntal nach Kematen. Schließlich entlang des Inntal-Radwegs zurück nach Innsbruck. Innsbrucker bezeichnen diese Runde oft als „Lieblingsrunde", da hier meist nur sehr wenig Straßenverkehr zu erwarten ist.

Fototipps

Für Fotografen gibt es auf dieser Runde nicht den einen besonderen Fotospot. Dafür finden sich viele schöne, kleine Ausblicke. Tendenziell ist der Blick von der südlichen Strecke zurück nach Igls etwas fotogener und man kann den dörflichen Charakter hervorheben.

Inntal-Radweg

Gemütlich dem Inn entlang.

Mit einer Gesamtlänge von 520 Kilometern führt der Innradweg vom Ursprung im Engadin bis nach Passau. Hier mündet der zu Beginn noch kleine grüne Gebirgsbach nun als starker Fluss in die Donau. Der Radweg ist auf der gesamten Strecke mit dem Rad und Rennrad gut befahrbar.

Eine schöne Teilstrecke führt sehr einfach von Innsbruck bis Schwaz. Meist führen die Wege direkt entlang des Flusses und durch die angrenzenden Orte.

Besonders attraktiv ist die Möglichkeit, stets entlang der Strecke mit der Bahn zurückzufahren. Dies hat schon so manchen müden Radler vor einem Sommergewitter oder dem klassischen Talwind nachmittags gerettet. Der Inntalradweg eignet sich für die ganze Familie. Rennradfahrer weichen sonntags besser auf die umliegenden Landstraßen aus, um besser im Fahrfluss zu bleiben.

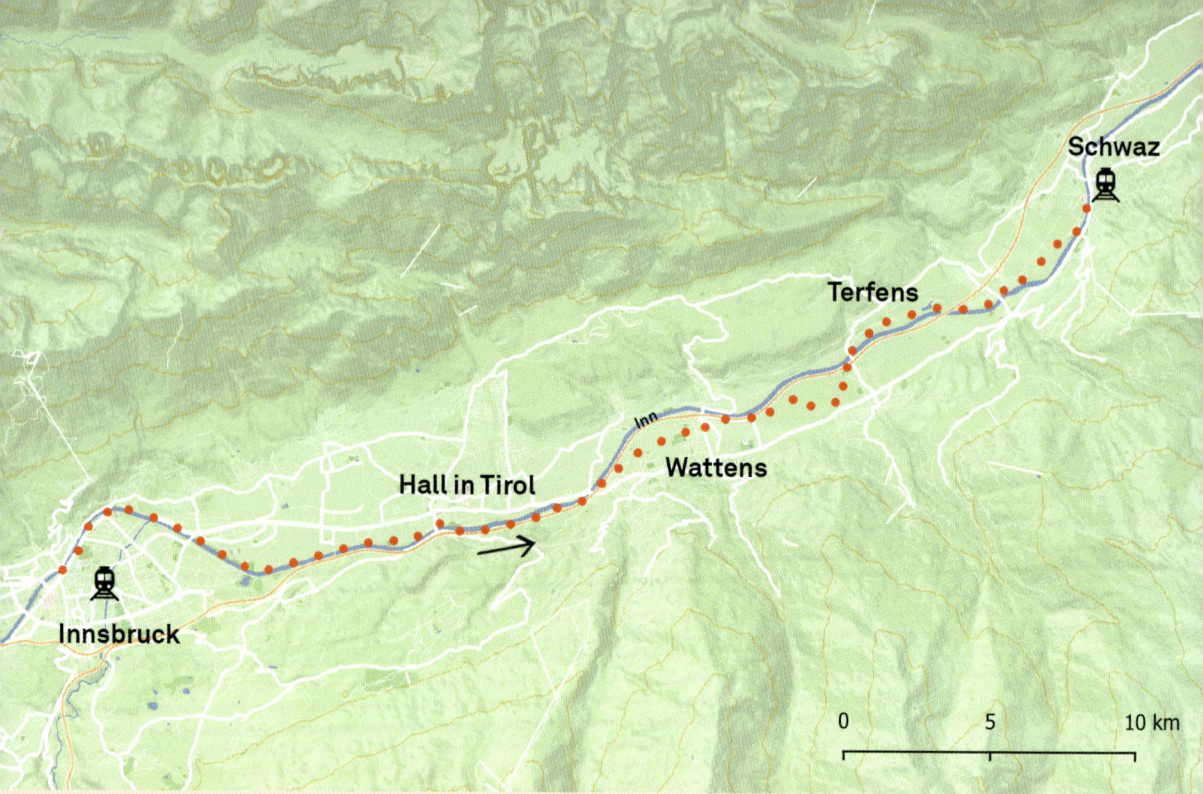

Schwaz

Terfens

Inn

Hall in Tirol

Wattens

Innsbruck

0   5   10 km

Schwierigkeit   ● ○ ○ ○ ○

Anreise Öffentliche Verkehrsmittel
Wer möchte, kann für den Rückweg auch den
Zug nutzen.

Start/Ziel
Innsbruck Marktplatz
(Koordinaten: geogr. 47.267902,11.390526)

Dauer
2h, 31km

Beste Jahreszeit
Ganzjährig

Aufstieg/Abstieg
20hm / 45hm

Einkehrmöglichkeiten
Diverse

Höchster/Tiefster Punkt
575m / 535m

Tipps
Rückfahrt mit dem Zug an vielen Bahnhöfen in
Nähe der Strecke möglich.

Wegbeschreibung

Der Innradweg ist gut ausgeschildert. Meistens geht es dem Inn entlang. Die hier gezeigte Route führt klassisch entlang des offiziellen Radwegs und startet am Marktplatz in Innsbruck, geht über Hall in Tirol, Wattens und führt bis Schwaz Bahnhof. Der Rückweg kann optional wieder mit dem Rad oder Zug absolviert werden.

Fototipps

Kulturelle Highlights entlang der Strecke laden zu einem Fotostopp ein. Insbesondere die Altstadt von Hall und Schwaz bieten viele klassischen Sightseeing-Motive. Spannend ist oft der Kontrast zwischen kulturellem Fotosubjekt und den dahinter hervorblitzenden Bergspitzen.

SOMMER-ABENTEUER

„Urbane Sommerfrische"

Kajak und Rafting

Fühle die Kraft des Wassers.

Wildwasser-Kajakfahren! Das ist Eintauchen in die rohe Kraft der Natur. Kein anderer Sport auf der Welt kann mit diesem Flow-Gefühl mithalten.

Im Kajak gibt es keine Möglichkeit zu bremsen. Kurzfristig deine Meinung doch noch ändern? Geht nicht. Sobald du dich für die Geschwindigkeit entschieden hast, musst du dem Flow des Wassers folgen. Solange bis der Strom abreißt. Es ist eine Achterbahn, geschenkt von Mutter Natur.

Für diejenigen, die sich auf den wilden Ritt einlassen, bieten die langen und mächtigen gletschergespeisten Flüsse Tirols einen einzigartigen Spielplatz. Und endlose Möglichkeiten, dieses schwer fassbare Flow-Gefühl zu finden.

Von Innsbruck aus gibt es nur einen Katzensprung entfernt eine Reihe verschiedener Täler und Wassereinzugsgebiete. Von steilen Alpenbächen bis hin zu tosenden, großvolumigen Wellenbahnen finden sich Flüsse und Abschnitte aller Art und Schwierigkeitsgrade. Bei so viel Abwechslung gibt es immer genug Auswahl, um sich an Wetter und Wasserstandsbegebenheiten situativ anzupassen.

Die kraftvolle und kontinuierliche Natur der meisten Tiroler Wildwasser verdient Respekt. Hochwasser, umgestürzte Bäume, Erdrutsche, lange Stromschnellen und kaltes Wasser sind unversöhnlich, wenn etwas schief geht. Der sichere Einstieg in die Wildwasserwelt sollte mit einem erfahrenen Guide erlernt werden.

Tipps
Wassertiefen: www.riverapp.net
Detaillierte Flussführer:
https://4-paddlers.com
Schulen und Shops: S2S (Natters), Area47
(Ötztal), Montevia (Lenggries)

Rating Levels
Internationale Rating-Skala Klasse 1 bis 6 mit
ansteigender Schwierigkeit.

Besondere Gefahren
Wildwassersportarten bergen tödliche Risiken.
Nur für erfahrene Sportler beziehungsweise mit
erfahrenem Guide. Erlerne den Umgang mit Pad-
del und Boot/Kajak zunächst in einem See und
später in einfachen Flussabschnitten. Niemals
ohne Besichtigung und Kenntnis der Bedingungen einen Abschnitt befahren!

Sill und Ruetzbach

Sill und Ruetzbach fließen vom Brennerpass und Stubaier Gletscher nach Norden in Richtung Innsbruck. Je nach Wasserstand bieten beide eine durchgehende Herausforderung für erfahrene Paddler (Klasse 4) und führen durch die Abschnitte Mittlere Sill und Ruetzschlucht. Sie schließen sich später südlich der Stadt zusammen und führen durch die malerische und ruhige Sillschlucht zum Inn. Der Abschnitt Untere Schwelle bietet auf den meisten Ebenen eine relativ milde Schwierigkeit (Klasse 3), führt aber gegen Ende in einen druckvollen Klasse 4-Abschnitt (leicht rechterhand zu umtragen). Höhere Wasserstände erhöhen hier die Geschwindigkeit und den Spaß mehr als die absolute Schwierigkeit. Die Ruetz Rafting-Sektion beginnt an den Elferliften (Neustift im Stubaital) mit einigen der schnellsten und kontinuierlichsten Wildwasserabschnitten der Klasse 3, die man in einem Paddlerleben erfahren darf.

Anreise
Von Innsbruck nach Süden in Richtung Stubaital oder Brenner.

Beste Zeit
Ende Mai bis August und nach Regen

Ötz

Ötztal und der mächtige Fluss Ötz sind auf der ganzen Welt für ihr großes und stämmiges Wildwasser bekannt und waren viele Jahre lang die Heimat der legendären Sickline Extreme Kayaking-Weltmeisterschaften.

Die Untere Ötz, ausgehend vom Dorf Ötz, ist einer der besten Rafting-Läufe in Europa. Erfahrene Paddler finden hier großes und federndes Wildwasser der Schwierigkeits-Klasse 3-4. Im Hochsommer bei Gletscherschmelze und Regen sind die Wassermassen am massivsten – große, klobige Brecher erwarten die erfahrenen Paddler hier.

Die Wellebrücke (steil und bachartig, normalerweise nur im Frühling und Herbst fahrbar) und Mittlere Ötz – ein Lauf wie ein furchterregender Güterzug – fordern und begeistern selbst die erfahrensten Paddler. Der Abschnitt Obere Ötz, Köfels und Nebenflüsse wie der Venter Ache bieten je nach Wasserstand dagegen eher überschaubares Adrenalinspitzen. Vorsicht vor den Abschnitten Achstürze und Kühtrein Schlucht: Sie sind den Besten der Besten Paddlern vorbehalten.

Anreise
Inntalautobahn bis Ausfahrt Ötztal. Die Landesstraße folgt dem Flussverlauf.

Beste Zeit
Mai bis Oktober, je nach Abschnitt. Spitzenströme im Juli und August.

Inn

Der Inn ist Tirols größter Fluss und der Hauptnamensgeber für die Stadt Innsbruck. Vom Schweizer Engadin aus fließt er von West nach Ost durch Tirol und mündet schließlich in Bayern in die Donau. Sein Charakter und Schwierigkeit variieren stark entlang seiner Länge. Eine Reihe von Dämmen und Wasserwerken beeinflussen den Flusslauf – je nach Energiebedarf der angrenzenden Kraftwerke.

Zu den klassischen Abschnitten zählen Tösens im Westen, der steile und kraftvolle Inn Shoot/ Landecker Schlucht (Klasse 3-5 mit einigen sehr großen Löchern!) und die anfängerfreundliche

Anreise
Autobahn zum gewünschten Abschnitt

Beste Zeit
Mai bis September, je nach Abschnitt. Spitzenströme im Juli und August.

Imster Schlucht (Schwierigkeitsstufe 2-3) mit vielen Wellen. Die Imster Schlucht ist eine beliebte Rafting-Sektion für Familien und bietet sehr gute Bedingungen für eine Einführung in das Wildwasserpaddeln.

Brandenberger Ache

Die Brandenberger Ache, oder kurz Brandi genannt, liegt bei Kramsach und ist einer der Wildwasser-Juwelen der Alpen. Im Gegensatz zu den anderen genannten Flüssen wird der Brandi nicht von einem Gletscher gespeist und wird normalerweise nach den jüngsten Regenfällen befahren.

Mit geringerem Volumen und felsigem Charakter durchschneidet der Strom wundervolle tiefe Schluchten und fordert sauberes und technisch versiertes paddeln an seinen unzähligen Boofs (kleine Absätze mit flacher, nicht eintauchender Landung).

Von oben beginnend ist die Kaiserklamm der schwierigste und anspruchsvollste Abschnitt. Sie führt beeindruckend durch vertikale Felswände. Die Pinneger-Sektion beginnt anspruchsvoll: Dem 1,5m hohen Drop folgt Wildwasser der Klasse 3 bis zum Beginn der Tiefenbachklamm. Sie wiederum ist einer der besten Abschnitte

Anreise
Inntal Autobahn nach Kramsach, dann in Richtung Brandenberg und Pinneg.

Beste Zeit
April-Mai, September-November
(jede Jahreszeit nach Regen)

der herausfordernden Klasse 4 in den gesamten Alpen und sollte sehr erfahrenen Paddlern vorbehalten bleiben.

Der Unterlauf ist ein großartiger Trainingsabschnitt für Einsteiger: Das Wildwasser der Klasse 2-3 mit klar definierten Bewegungsschemata ist ideal für Trainingsübungen. Der Saugraben (Klasse 4) kann jedoch gegen Ende überraschend steil und kraftvoll sein – Anfänger sollten diese inspizieren und/oder auf der rechten Seite vorbeitragen.

Sommerabenteuer

Schwimmen

Alpine Seen und Schwimmbäder.

Schwimmen ist eine klassische Outdoorsportart und erfährt mit dem Triathlon-Trend einen Aufschwung. Die Möglichkeiten im Bergland sind geografisch begrenzt, einige Orte stechen daher besonders heraus. Im Wasser planschen oder am Brustzug arbeiten: mit Bergaussicht ist das sicher noch besser! Es ist ein einzigartiges Erlebnis, im meist relativ kalten und frischen Wasser mit den Elementen zu spielen und in der Ruhe danach den Ausblick in die Berge zu genießen.

Neben den städtischen Schwimmbädern sind besonders zwei Seen für Schwimmer und Badefans gleichsam interessant: Der Achensee, ob seiner Form oft „Tiroler Fjord" genannt, sowie der eher kleine, dafür romantisch gelegene Piburger See im Ötztal.

Hinweis: Im Hochsommer kann in den meisten Bergseen außerhalb der Nationalparks ebenso gebadet werden. Da das Wasser in hochalpinen Lagen selten wärmer als 10°C ist und die kleinen Bergseen ein sehr empfindliches Ökosystem haben, raten wir davon ab. Zur Erfrischung reicht es meist, die Füße ins Wasser zu strecken – in jedem Fall bitte nicht mit frisch aufgetragener Sonnenmilch oder Make-Up baden gehen!

Schwimmen in Innsbruck

In Innsbruck sind vier städtische Schwimmbäder und ein Badesee vorhanden. Das Hallenbad Höttinger Au ist am besten für sportliche Schwimmer geeignet. Die Wassertemperatur ist tief, wer sich hier nicht bewegt, wird schnell frieren. Das Hallenbad Amraser Straße ist ein altehrwürdiges Bad im Stadtzentrum. Die Decken sind hoch, die Wassertemperaturen ebenso. Für sanftes Schwimmen und zur Ruhe kommen, ist man hier richtig. Die Sauna hat eine besonders schöne Terrassenaussicht.

Das Familien-Hallenbad liegt im Olympischen Dorf und ist für Familien mit Kindern die beste Wahl. Im Sommer lockt das Freibad Tivoli die ganze Bevölkerung. Es liegt inmitten der Stadt und bietet im Sommer eine begehrte Liegewiese, Spaßbad mit Sportmöglichkeiten, einem 10m-Sprungturm und einem 50m Wettkampfbecken. Im Winter ist es geschlossen.

Piburger See – Baden umrundet von idyllischem Bergwald

Der Piburgersee in Oetz liegt eingebettet in einem idyllischen Bergwald. Die Liegeflächen für Sonnenanbeter sind zwar außerhalb des offiziellen Bades stark begrenzt. Wer kreativ ist, findet schnell ein verstecktes Plätzchen zwischen den Bäumen (Hängematte nicht vergessen). Der Naturbadesee im vorderen Ötztal gilt als Natur-Wahrzeichen der Ortschaft Oetz. Schwimmen, Rudern und im Winter Eislaufen lassen es sich hier mit wunderbarem Bergblick in die Ötztaler Alpen und Richtung Zugspitz-Massiv verbinden.

Achensee –
Abkühlen im Tiroler Fjord

Von oben – beispielsweise bei einer Fototour auf den Bärenkopf – sieht der Achensee aus wie ein klassischer Fjord. Er windet sich zwischen den steilen Karwendelgipfeln und denen des Rofan. Er ist der größte Tiroler See, rund 10 Kilometer lang und von Innsbruck aus in etwa 40-80 Minuten erreichbar.

  Segeln, Windsurfen, Planschen und Schwimmen lässt es sich hier an heißen Sommertagen hervorragend. Das Baden ist gratis und bei Sommerhitze von angenehmer Kühle. Die Parkplatzsituation an sonnigen Wochenenden dagegen ist recht beengt und oftmals nicht günstig.

Gleitschirmfliegen

Durch alpine Lüfte schweben.

Sich einmal wie ein Vogel fühlen und durch die Luft schweben. Das ist Gleitschirmfliegen. Wenn rings herum noch Berge sind, die nicht nur spannende Ausblicke bieten, sondern auch viel Thermik und Spannung bereithalten, dann sind Flugkünstler glücklich.

Mit seinen steilen Berghängen und sanften Almwiesen ist der Flugsport im Inntal und Tirol ein außergewöhnliches Erlebnis. An einem Tag erreicht man problemlos verschiedene Bergregionen und ist somit relativ wetterunabhängig und hat zudem viele mit Bergbahnen leicht erreichbare Startpunkte zur Auswahl. Die gute Anbindung an den öffentlichen Nahverkehr macht die begehrten Streckenflüge über weitere Distanzen entlang und über Bergketten zu einer leichten organisatorischen Übung.

Aufgrund der hohen Einstiegshürde und besonderen Gefahren sind Einsteiger gut beraten, sich in einem Tandemflug an die Materie heranführen zu lassen oder gehen ihren ersten eigenen Flügelschlägen unter fachlicher Anleitung nach.

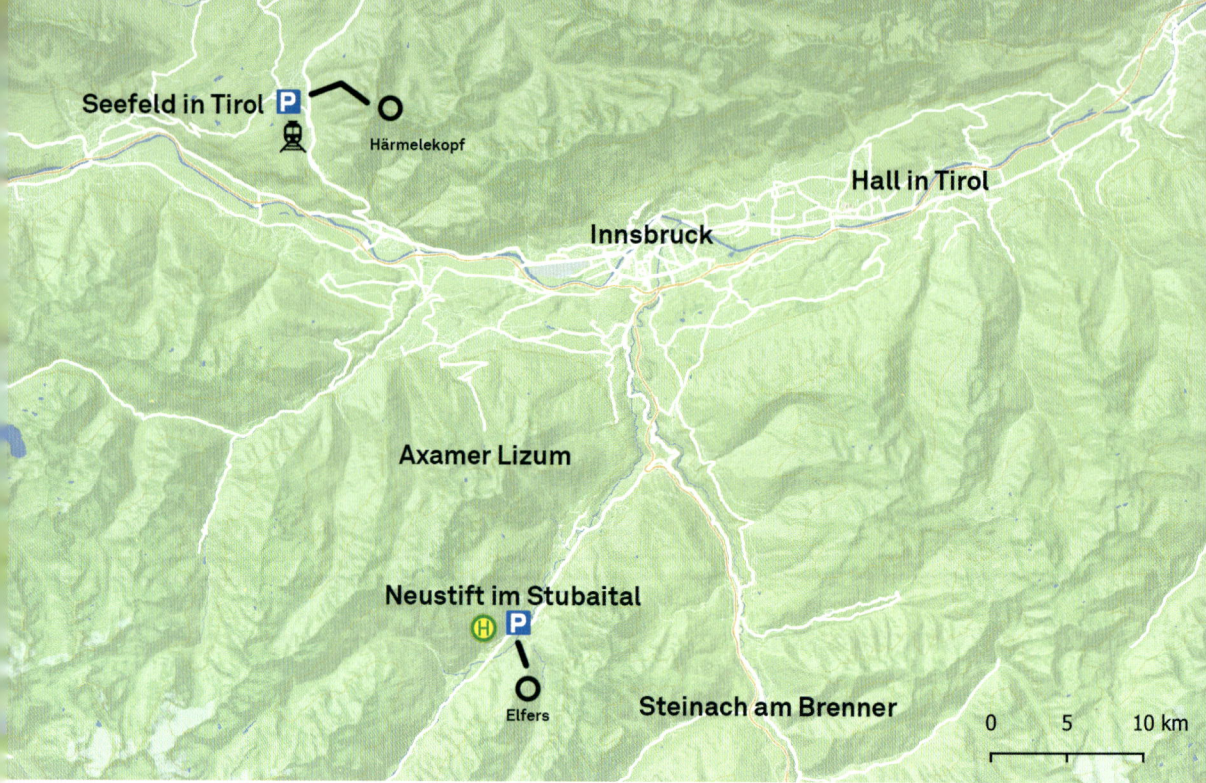

Anreise Öffentliche Verkehrsmittel
Elferlifte/Stubai: Mit dem Bus 590 ab Innsbruck bis zur Haltestelle "Abzw Elferlifte".
Rosshütte/Seefeld: Mit dem Zug von Innsbruck nach Seefeld, von dort nur wenige hundert Meter zu Fuß bis Talstation Rosshütte Bergbahn.

Start/Ziel
Elferlifte:
Bergstation Elferlifte (47.098515,11.324088)
Landepunkt: Wiese neben Talstation Elferlifte, (47.112393,11.314979)
Rosshütte
Startpunkt: Bergstation Härmelekopfbahn/Rosshütte, (47.098515,11.324088)
Landepunkt: Golfplatz Seefeld (östlich davon), (47.324883,11.195535)

Besondere Gefahren
Achtung: Einsteiger sollten (bzw. müssen gesetzlich) die ersten Flugverbote unter fachkundiger Anleitung erlernen. Ein Flugschein bzw. ein absolvierter Flugkurs ist Voraussetzung zum eigenständigen Fliegen. Lebensgefahr!
Achtung: Jeder Pilot muss und sollte sich vor Flugantritt über die flugrechtlichen Gegebenheiten und Wetterentwicklungen informieren. Auf die klassischen Wetterlagen in den Alpen achten. Besonders bei eintretendem Föhn, besteht Lebensgefahr.
Achtung: Flughafennähe! Flugkontrollzone CTR-Innsbruck.

Tipps
www.zamg.at
https://lawine.report (Wetter),
www.innsbruckergleitschirmfliegerverein.org
Hinweis: Die artverwandten Sportarten Basejumping und Wingsuit-Flying sind per Gesetz verboten, werden in der Nähe Innsbrucks dennoch ausgeübt.

Stubaital – Elferlifte

Am Elfer ist das Fliegen einsteigertauglich. Der Start ist unproblematisch und die Winde sind leicht berechenbar. Der flachere obere Teil lässt kurze Gleit- und Übungsflüge zu. Die hohen Gebirgszüge ringsherum halten schlechtes Wetter fern und sorgen oftmals für angenehme Flugbedingungen.

Startpunkt ist direkt oberhalb der Bergstation. Flugschüler starten unterhalb des Weges. Vor dem ersten Flug eine kostenlose Einweisungskarte holen. Das Gelände ist ganzjährig zum Fliegen geeignet. Im Winter herrscht viel Flugbetrieb, gute Thermik finden man oft im Spätwinter und Frühjahr.

Der Landepunkt ist die Wiese nordöstlich des Parkplatzes und der Liftstation.

Seefeld – Härmelekopf

Ein spannendes Fluggebiet für fortgeschrittene Gleitschirmflieger ist Seefeld in Tirol mit guten Thermikbedingungen. Der Startplatz ist direkt neben der Bergstation Härmelekopf – eine flache mit Matten ausgelegte Startwiese für max. drei Schirme. Die Startabbruchmöglichkeiten sind nur mittelmäßig, daher ist dieses Fluggebiet nicht für Einsteiger geeignet. Bei Westlagen herrschen meist gute Flugbedingungen. Generell auf den Inntalwind achten. Die beste Zeit ist im Frühjahr und Sommer.

Der Landeplatz befindet sich neben dem Golfplatz in Seefeld (durch Fahnen markiert, ca. 20 min Fußmarsch zur Talstation). Bei Außenlandungen im Bereich des Golfgeländes diesen sofort verlassen und den Schirm bitte auf dem Landeplatz zusammenlegen. Vorsicht: Starkstromleitung parallel zur Bundesstraße muss überflogen werden.

Weitere vielfrequentierte Flug-Spots: Nordkette, Schlick, Achensee

Fototipps

Während sowie kurz vor und nach dem Start sowie kurz vor der Landung sind die Gleitschirmflieger in relativer Nähe, sodass man spannende Fotos schießen kann. Hier heißt es schnell sein. Als Flieger selbst ist die Selfie-Perspektive mit einem Ultra-Weitwinkel und den eigenen Füßen spannend. Luftaufnahmen des Geländes erfordern etwas Übung und eine ordentliche Sicherung der Kamera.

City Sports

Die Outdoor-Sportpotentiale in der Stadt .

Was ist in der Sportstadt Innsbruck en vogue? Sicher sind es nicht so sehr die rhythmische Sportgymnastik, das Ringen oder Handball. Klar, diesen Sport kann man in Innsbruck natürlich durchaus finden. Innsbruck ist vielseitig, und vor allem einem großen Thema gewidmet: Den Bergen und den Individual-Bergsportarten. Auf sie scheint in Innsbruck ein helles Licht, sie sind Heimat für viele extrovertierte Individualsportler – vom Kletterprofi bis zum Snowboard-Aussteiger. Unsere Auswahl an Sportarten, die in der Stadt ausgeübt werden, ist kein allumfassender Überblick. Sie soll einen Eindruck über das geben, was Innsbrucks Sportwelt zu bieten hat. Es gibt in Innsbruck zahlreiche sportliche Bewegungsalternativen!

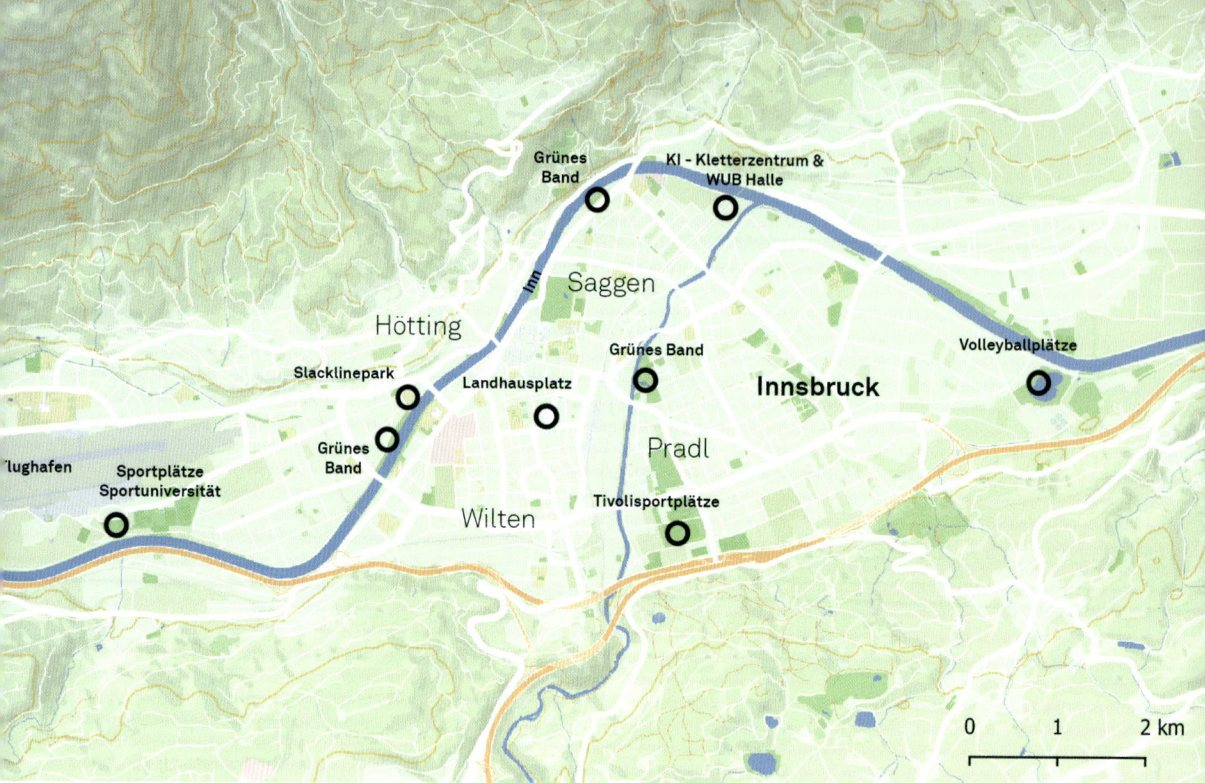

Grünes Band – Joggen, Radfahren, Fitness, Slackline

Die grüne Oase in der Stadt ist das „Grüne Band" entlang der beiden Flüsse Inn und Sill. An den fast durchwegs geteerten Uferwegen lässt es sich entspannt flanieren, joggen, Radfahren, zu Terminen hetzen, spielen oder sich einfach nur die Zeit vertreiben.

Einige Sporteinrichtungen, wie Fitness-Geräte, Einrichtungen zum Slacklinen, Mehrsport-Plätze für Ballsportarten, Kinderspielplätze und einfache grüne Freiflächen nutzen die Innsbrucker und ihre Besucher insbesondere im Sommer gerne und reichlich. Insbesondere die 5-Brücken-Runde und Universitäts-Runde wird bei den jungen Innsbruckern gerne als Flaniermeile und Laufsteg oft stark frequentiert.

Die Einrichtungen sind allgemein recht gut gepflegt und dies darf bitte auch so bleiben. Trage auch du deinen Teil dazu bei.

Ballsportarten

Ob Beachvolleyball, Fußball, Basketball oder andere Ballsportarten, Innsbruck ist hier eher regional relevant. An der Sportuniversität, am Tivoli und an einigen kleineren Plätzen in den Wohnvierteln der Innenstadt lassen sich diverse Ballsportarten ausüben. Dazu gesellen sich Beachvolleyball am Grünen Band und den Freibädern. Besonders spannend werden die Duelle bei Föhn. Die starken, böigen Winde stellen die Akteure dann nämlich vor zusätzliche, ungeplante Aufgaben.

Skaten

Wo Individualisten zusammenkommen, ist der Skate-Sport nicht weit. Ob auf dem Bike, Inline-Skates, dem klassischen Skateboard oder mit kurzfristigen Trend-Alternativen: international bekannt ist die Skater-Szene am Landhausplatz. Der geschichtsträchtige Platz geht auf

Pläne der Nazi-Herrschaft zurück und wurde erst seit 2008 in die aktuelle Form umgestaltet. Im Norden flankiert ihn das frühere Gauhaus, heute Landhaus. Innsbruck ist eine der wenigen Städte in Europa, die einen solchen öffentlichen Platz mittem im Zentrum nicht nur als Betonwüste gestalten, sondern ihn von ihrer – zumeist jungen – Bevölkerung sportlich nutzen lassen.

Einige weitere, meist kleine Plätze sind für Skater freigegeben. Ein beliebter – nicht legaler – Nutzungsort ist zudem die Universität. An Schlechtwettertagen trifft man die Szene in der WUB-Halle.

Tipp

Alle Sportstätten sind zu Fuß, per Fahrrad oder mit Öffentlichen Verkehrsmitteln gut erreichbar.

Innsbrucker City-Tour mit Bergflair

Ein Spaziergang durch Innsbrucks Sehenswürdigkeiten und alpiner Kurzausflug.

Sightseeing und Bergflair in einer Tour? In Innsbruck ist das leicht möglich. Bei dieser Stadttour mit Bergflair entdeckst du die wichtigsten Highlights in Innsbruck und erlebst zudem noch das echte Innsbrucker Bergflair. Vom Hauptbahnhof schlenderst du gemütlich durch die Stadt und entdeckst 30 Minuten später ganz oben an der Nordkette die alpine Landschaft, die Innsbruck so berühmt macht, hautnah.

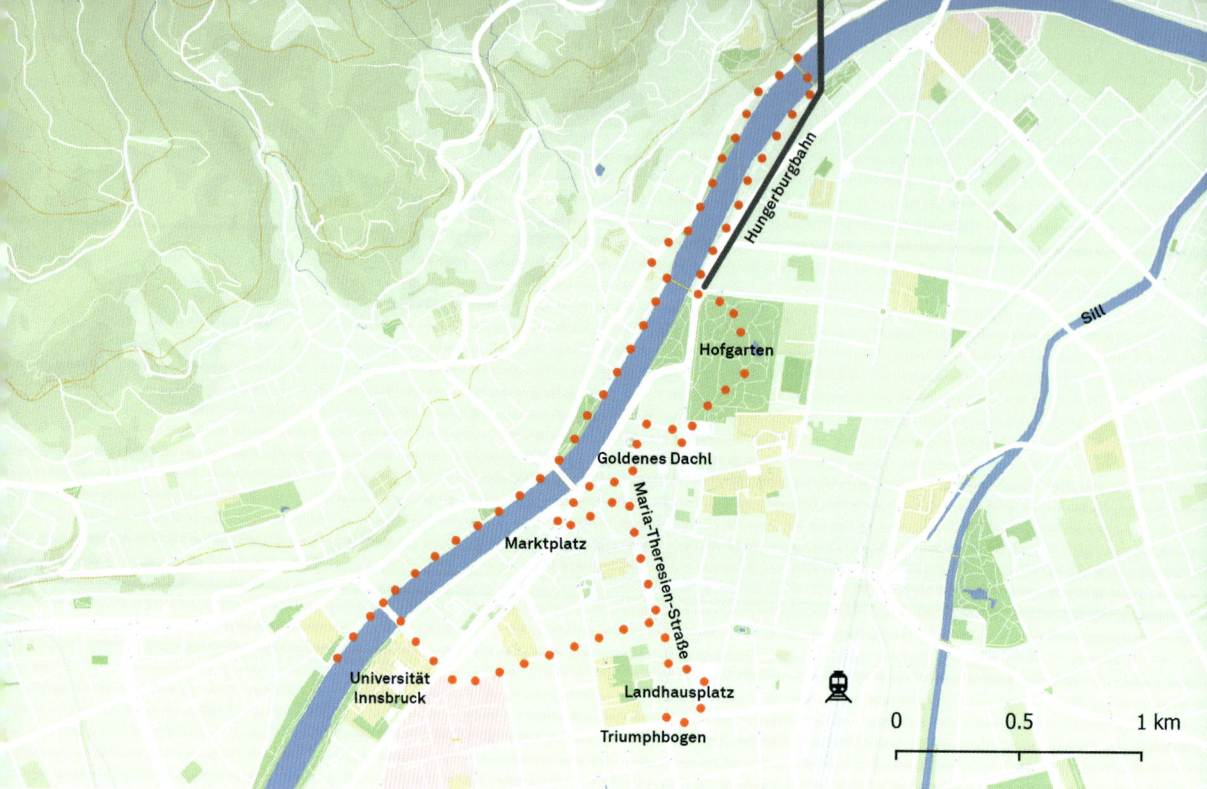

Schwierigkeit ● ○ ○ ○ ○

Anreise Öffentliche Verkehrsmittel
Per Bahn oder Bus nach Innsbruck. Vom Flughafen Bus F bis Marktplatz nehmen.

Dauer
ca. 3h, 5km

Aufstieg / Abstieg
0hm / 0hm

Höchster / Tiefster Punkt
568m

Start / Ziel
Innsbruck Hauptbahnhof (Hungerburg)
(Koordinaten: geogr. 47.263462, 11.400182)

Beste Jahreszeit
Ganzjährig

Einkehrmöglichkeiten
Zum Beispiel
• Breakfast Club Landhausplatz
• Cafés am Marktplatz
• Café Hungerburg
• Bergrestaurant Seegrube

Wegbeschreibung

Los geht's am Hauptbahnhof Innsbruck. Du über-
querst den Busbahnhof und die Straße an der
Fußgängerampel gegenüber dem Haupteingang
und -ausgang des Bahnhofs. Du folgst (an der
Ecke Burger King) der Salurner Straße Richtung
Westen. Nach 250m erreichst du den Landhausplatz, die erste Sehenswürdigkeit (rechts), nur
50m die Salurner Straße weiter, siehst du den
Triumphbogen.

Am Triumphbogen rechts in die Maria-Theresienstraße. Dieser folgst du immer geradeaus,
bis du vorm Goldenen Dachl stehst. Hier in der
Altstadt kannst du dich etwas umsehen und
herumschlendern. Weiter vom Goldenen Dachl
biegst du rechts in die Hofgasse ein, nach 80m
ist links die Hofburg. Durch die Unterführung
und gleich links – am Haus der Musik (Neubau)
und dem Landestheater (altes, gelbes Gebäude)
vorbei und halb rechts in den Hofgarten. Hier
kannst du entspannen.

Wieder aus dem Hofgarten heraus zum markanten Glasdach der Hungerburgbahn. Mit der
Hungerburgbahn (ein Ticket bis Hafelekar Berg-
und Talfahrt kaufen) bergauf zur Hungerburg,
umsteigen zur Nordkettenbahn und mit erneutem Umsteigen an der Seegrube bis zur Bergstation Hafelekar. Ein kurzer Gipfelsieg zum
Hafelekar-Gipfel und wieder zurück in die Stadt.

Von der Station Congress zum Inn und fluss-
aufwärts (beidseitig möglich) bis zur Universität
und wieder entlang des Flusses zurück bis zum
großen Marktplatz (größerer Platz mit gelbem
Haus). Direkt hier oder 100m weiter an der Haltestelle Maria-Theresienstraße per Bus / Bahn
zurück zum Hauptbahnhof.

Fototipps

Innsbruck ist ein wahres Paradies für schnelle
Fotospots. Die Stadt an sich ist sehr kom-
pakt und es drängen sich die meisten Fotospots an der Achse Triumphbogen - Hafelekar.

Fotografisch solltest du nicht den Triumphbogen
und den Landhausplatz mit seinen Street-Sport-
lern verpassen. Direkt nebenan wiederum ist die
Maria-Theresienstatue in der Fußgängerzone.

Weiter geht es mit dem Goldenen Dachl, mit
Blick auf die Nordkette, die Hofburg, das neue
Haus der Musik sowie das Landestheater und die
Station Congress der Hungerburgbahn. Auf der
Hungerburg beim Wechsel zur nächsten Gondel
streifst du die wohl schönste Aussichtsterrasse
über Innsbruck.

Auf der Nordkette findest du einen der belieb-
testen Instagram-Fotospots in der Station
Seegrube mit den klugen Bergsprüchen an der
Glasfront. Der Ausblick vom Hafelekar nach
Innsbruck und Richtung Norden ist ohnehin
traumhaft.

Zurück in der Stadt musst du schließlich noch
am Marktplatz am Fluss Inn den Blick mit den
bunten Häusern und der Nordkette einfangen.

Generelle Informationen und Tipps

VERPFLEGUNG

Einige Unternehmungen in diesem Buch erfordern viele Stunden sportliche Aktivität in den Bergen. Auf ausreichend Wasser, insbesondere im Sommer, sowie Nahrung ist daher zu achten. Ein Liter Wasser, ein Snack sowie eine Notfallration Zucker und Magnesium gehören in jeden Bergsteigerrucksack. Im hochalpinen Gelände kann das Wasser meist aus den Bächen gefahrlos getrunken werden. Bis und unterhalb Almwiesengelände mit hohem Nutztieraufkommen (Kühe, Schafe) kann Bachwasser verunreinigt sein und besonders empfindliche Mägen stören.

Bei vielen der hier vorgestellten Touren liegen Verpflegungsstationen auf der Wegstrecke und sind im Buch markiert.

PLANUNG

Eine Wanderung in den Alpen sollte vorab geplant werden. Wegstrecke sowie Beschaffenheit der Tour sind als Kriterien vorab festzulegen. Vor einer Wandertour stellen sich wichtige Fragen, die man für sich und mögliche weitere Gruppenmitglieder beantworten sollte:

- Ist die Tour für diese Gruppe konditionell und vom Schwierigkeitslevel her geeignet?
- Weist die Tour besondere Schwierigkeiten auf?
- Ist noch mit Schneefeldern zu rechnen?
- Ist die Gruppe für potenzielle Schwierigkeiten gerüstet und fähig diese zu meistern?
- Ist das Wetter passend für diese Tour und die Teilnehmer?

Das Wetter bestimmt Zeit und Ort einer Tour. Besonders im Sommer ist auf starke Gewitter und Sturm zu achten. Im Winter ist die Lawinengefahr inhärent. Viele lokale Informationen lassen sich online leicht recherchieren: Webcams, Wetterdienste (www.zamg.ac.at) und aktuelle Tourenberichte bieten sich zur Detailplanung an. Neben diesem Buch (oder einer digitalen Version) empfiehlt es sich, immer eine topografische Landeskarte sowie ein Smartphone mit vollem Akku mitzuführen, um bei Planungsschwierigkeiten und Eventualitäten gut gerüstet zu sein. Optional ist ein GPS-fähiges Gerät. Zu berücksichtigen sind neben den einzelnen Toureninformationen in diesem Buch die Teilkapitel „Zum Gebrauch", „Notfall" sowie „Naturschutz".

NOTFALLVORBEREITUNGEN

Erste-Hilfe-Set

Ein Erste-Hilfe-Set gehört zur Grundausstattung. Fertig gepackte Verbandstaschen können als Basis dienen, sollten jedoch auf den persönlichen Bedarf abgestimmt werden. Ein Erste-Hilfe-Set soll mindestens enthalten: Feuchtigkeitsresistente, verschließbare Beutel, Schere und Pinzette, Desinfektionsmittel, Dreieckstuch, Verbandspäckchen (Kompressen / Wundauflagen, Wundschnellverband), Wattestäbchen, Latexhandschuhe, Tape, Rettungsfolie, elastische Kohäsivbinde, Beatmungstuch, eventuell Schmerzmittel und persönliche Medikamente. Ein erweitertes Notfallpaket enthält zudem: Biwaksack, SAM Splint und Blasenpflaster. Der regelmäßige Besuch von Erste-Hilfe-Kursen (das Rote Kreuz bietet auch spezielle Outdoor-Kurse an) wird dringend empfohlen.

Handy

Speziell im Tiroler Teil der Alpen ist der Empfang mit dem Mobiltelefon oft erstaunlich gut. So kann damit schnell über den Notruf professionelle Hilfe angefordert werden. Dennoch können Schlechtwetter oder steile Bergflanken den Netzempfang empfindlich stören, sodass darauf kein 100%iger Verlass ist.

Sportartspezifische Informationen und Tipps

FREERIDE
UND SKITOUREN

Freeriden und Skitouren finden meist im nicht gesicherten alpinen Raum statt, die Gefahren dort benötigen besondere Vorsicht und Betrachtung. Die hier vorgestellten Methoden und Hilfsmittel sind lediglich ein Einstieg in die Thematik und ersetzen keine Ausbildung im Rahmen eines praktischen, professionell geleiteten Lawinenkurses.

Abseits der gesicherten und kontrollierten Skipisten und Skirouten ist die Gefahr von Lawinen stets präsent. Kleinste Veränderungen in der Schneedecke können darüber entscheiden, ob wir einen Traumtag im Powder verbringen oder uns bei einem Lawinenabgang verletzen oder sogar umkommen. Die moderne Lawinenforschung gibt Wintersportlern Rüstzeug in die Hand, um dem Lawinenrisiko verantwortungsvoll zu begegnen. Dieses Kapitel bietet einen knappen Abriss des essenziellen Grundwissens für Freerider und Tourengeher.

Die zeitgemäße Lawinenkunde gibt Freeridern umfassende Informationen und lehrt Methoden, die den Umgang mit den Risiken im freien Skiraum erleichtern. Der moderne Risiko-Check für Freerider folgt dem Schema: 1. Beurteilen und 2. Entscheiden.

Die wichtigsten Informationsquellen und Methoden für den Risiko-Check werden in diesem Abschnitt kurz skizziert. Zur Beurteilung der Lawinengefahr dienen der jeweilige Lawinenlagebericht (LLB), Wetterberichte und eigene Beobachtungen. Um zu tragfähigen Entscheidungen zu gelangen, stehen verschiedene Strategien und Methoden zur Verfügung, die überblicksartig vorgestellt werden.

Lawinenwarndienst des Landes Tirol:
https://lawine.report (dreisprachig)
https://lawine.tirol.gv.at
+43 (0) 512 580915
lawine@tirol.gv.at

1. BEURTEILEN

Grundlage einer Beurteilung der Lawinengefahr ist der Lawinenlagebericht. Der meist tagesaktuelle amtliche Bericht enthält Informationen zur Schneesituation im entsprechenden Gebiet. Außerdem informiert er zu meteorologischen Gegebenheiten, Schneedeckenaufbau und -stabilität und zur Auslösewahrscheinlichkeit von Lawinen. Die zusammenfassende Beurteilung der Lawinengefahr wird mit einer Gefahrenstufe angegeben. Die Gefahrenstufen gemäß der europäischen Lawinengefahrenskala für Lawinen gelten einheitlich im gesamten Alpengebiet. Der Schweizer Lawinenexperte Werner Munter erarbeitete eine Reduktionsmethode. Ziel dieser 3x3-Filtermethode ist es, die Lawinengefahr auf ein vertretbares Maß zu reduzieren und das Risiko einer Lawinenauslösung stark zu verringern. Grundlage dieser Methode ist die Erkenntnis, dass beim Freeriden niemals absolute Sicherheit herrschen kann und wir daher gezwungen sind, ein Risikobewusstsein zu entwickeln. Die 3x3-Filtermethode ist wie ein Raster zu verstehen. Werden die lawinenbildenden Faktoren durch dieses immer feiner werdende Raster betrachtet, können mit dieser Methode 99% des Risikos eines Lawinenunfalls „herausgefiltert" werden.

Lawinen, die Freerider bedrohen, entstehen beim Zusammentreffen von drei Faktoren:
- Schnee (Schnee- und Wetterverhältnisse)
- Berg (Gelände)
- Mensch (der einen Hang befahren will)

Diese drei lawinenbildenden Faktoren werden hinsichtlich des Risikos aus drei unterschiedlichen Perspektiven (Entfernungen) betrachtet:
- Regional: Dank Wetterbericht und Lawinenlagebericht weiß man über die Wetterentwicklung im gesamten Gebiet und die daraus entstehenden Gefahren Bescheid.
- Lokal: So weit das Auge reicht, versucht man, mögliche Gefahrenstellen um sich herum zu erkennen.
- Zonal: Welche Gefahrenstellen und Risiken birgt der Hang, den man befahren will?

2. ENTSCHEIDEN

Bei der Reduktionsmethode versucht man, das gesamte Risiko einzuschätzen und mit einem angemessenen Verhalten auf ein möglichst geringes Risiko zu reduzieren. Die hier vorgestellten Verfahren beruhen auf den Unfallstatistiken von Lawinenunfällen in den Alpen. Die Verfahren erlauben dem Anwender eine Einschätzung, wie unfallträchtig bzw. unfallwahrscheinlich die gewählte Kombination der genannten Faktoren im Vergleich zu vergangenen Unfällen ist.

Verhält man sich den Empfehlungen entsprechend, so ist lediglich ein nicht minimierbares Restrisiko in Kauf zu nehmen. Eine Sommerbergtour oder eine Fahrt auf einer Autobahn besitzt in diesem Fall eine ähnlich hohe Überlebenswahrscheinlichkeit. Die Bezugsdaten dieser Methoden sind die in der Vergangenheit aufgezeichneten Lawinenunfälle im Alpenraum.

LITERATURTIPPS

- Kurzeder, T., Feist, H. (2012): PowderGuide Lawinen Risiko-Check für Freerider, 4. erweiterte Auflage, Tyrolia, Innsbruck
- Munter, W. (2008): 3x3 Lawinen. Risikomanagement im Wintersport, 4. Auflage, Pohl & Schellhammer, Garmisch-Partenkirchen
- Mair, R., Nairz, P. (2011): Lawine. Die 10 entscheidenden Gefahrenmuster erkennen, 3. Auflage, Tyrolia, Innsbruck
- Harvey, S., Rhyner, H., Schweizer, J. (2012): Lawinenkunde, Bruckmann Verlag, München

LAWINENNOTFALL-AUSRÜSTUNG

Für Freerider und Skitourengeher zählen ein Lawinenverschüttetensuchgerät, kurz: LVS, Schaufel und Sonde zur absoluten Pflichtausrüstung bei jeder Tour abseits der gesicherten Pisten. Nur dieses Komplettset (Schaufel und Sonde werden dabei im Rucksack verstaut, das eingeschaltete LVS am Körper getragen) ermöglicht die im Notfall überlebenswichtige Kameradenrettung. Lawinenairbag, Avalung sowie Recco-Reflektor sind optionale Zusatzsysteme, die im Fall eines Lawinenunfalls eventuell eine höhere Überlebenschance eröffnen.
- LVS-Geräte sind Sende- und Empfangsgeräte, mit denen Verschüttete geortet werden können. Um sie zur Kameradenrettung einsetzen zu können, muss jeder Freerider sein Gerät immer von Tourenbeginn bis -ende angeschaltet tragen.
- Lawinenschaufeln dienen dazu, einen von einer Lawine (teil-)verschütteten Wintersportler auszugraben.
- Eine Lawinensonde ist eine faltbare, lange, dünne Stange. Sie dient zur Feinortung eines Lawinenopfers.

SONSTIGE AUSRÜSTUNG

Ski

Moderne Freeride-Ski verfügen über eine breite Auflagefläche, zudem gibt es für fast jeden Fahrer und Einsatzbereich den passenden Ski. Für richtig tiefen Schnee eignen sich besonders breite Modelle ohne bzw. mit negativer Vorspannung („Rocker").

Skitourentauglichere Modelle sind etwas schmaler, aber dennoch deutlich breiter als herkömmliche Skitourenski oder klassische Pisten-Carvingski.

Snowboard

Moderne Freeride-Boards haben ebenso wie Freeride-Ski inzwischen oft spezielle Vorspannungskonzepte. Zum Aufsteigen kommen weiterhin Schneeschuhe oder spezielle Kurzski zum Einsatz, wobei zunehmend die oft praktischeren Splitboards (teilbare Snowboards) den Markt erobern.

Skibindungen

Skibindungen mit Aufstiegsfunktion erleichtern in Kombination mit Skitouren-Klebefellen den Aufstieg speziell in tiefem Schnee. Es gibt zwei vorherrschende Systeme. Zum einen bieten sich aufstiegsfähige Skibindungen für Alpinskischuhmodelle zum Einsatz mit Alpin-Skischuhen an. Zum anderen gibt es das traditionelle „Tech"-Tourenbindungssystem mit "Pins". Es bietet eine interessante, aufstiegsfreundliche Alternative zum alpinen Bindungssystem (kann nur mit entsprechenden Tourenschuhen verwendet werden) und erfreut sich auch bei Freeridern immer größerer Beliebtheit.

Skischuhe

Freeride-Skischuhe halten den Fuß des Fahrers in einer festen Position, um eine gute Kraftübertragung zu gewährleisten, und sind gleichzeitig beim Aufstieg angenehm zu tragen. Beim Kauf ist vor allem die Passform entscheidend. Schuhhärte und Komfort des Gehmechanismus sind weitere Kriterien. Auf Kompatibilität mit dem verwendeten Bindungssystem achten!

Felle

Sofern man sein Sportgerät auf Tour nicht tragen möchte, braucht man Steigfelle zum Aufsteigen. Moderne Felle sind meist Spannklebefelle, die durch einen rückstandsfreien Kleber am Ski haften und an Skispitze und -ende mit Haken befestigt werden (darauf achten, dass die Tip-Befestigung auch für breite Freeride-Ski geeignet ist!). Einige Hersteller bieten auch Felle ohne Kleber an, die nur durch Adhäsion haften. Felle sollten genau auf den Ski passen und müssen für Freeride-Ski meistens von Hand zugeschnitten werden, entweder beim Händler oder in Eigenregie. Zum Gebrauch von mehreren, verschiedenen Paar Ski bieten sich sogenannte Splitfelle an, wobei hier etwas schlechtere Hafteigenschaften in Kauf zu nehmen sind. Felle für Splitboards sind besonders breit und werden meist beim Kauf mitgeliefert. Je nach Hersteller bestehen Skifelle aus Synthetikfasern und / oder Mohair.

Kleidung

Moderne Funktionsbekleidung sieht gut aus, ist auch in Großstädten fernab des Pulverschnees gern gesehen und liefert meist, was die Werbung verspricht. Funktionsbekleidung hält trocken, warm und verhindert Auskühlung nach sportlicher Aktivität. Mehrere Kleidungsschichten mit einem Zwischenraum als Isolation („Zwiebelprinzip") wappnen auch gegen große Kälte.

Rucksack

Der Rucksack dient zum Transport der persönlichen Rettungsausrüstung und der sonstigen

Freeride- und Skitouren-Ausrüstung. Ein geeigneter Rucksack für Tagestouren fasst etwa 20 - 40 Liter Volumen, zeichnet sich durch seine speziellen Befestigungsmöglichkeiten für die verwendeten Ausrüstungsgegenstände (Schaufel, Sonden, Ski, Snowboard, Pickel, Helm,...) aus und bietet einen hohen Tragekomfort. Spezielle Freeride-Rucksäcke bieten zudem einen integrierten Lawinen-Airbag, Avalung oder einen Rückenprotektor.

Schutzausrüstung

Das Image einer Schutzausrüstung hat sich im Wintersport enorm gewandelt. Galt man mit Helm früher als durchgeknallt, ist dies heute Standard. Gerade beim Fahren im freien Gelände, wo man bei einem Sturz, insbesondere bei geringer Schneedecke, mit Felskontakt rechnen muss, ist dies äußerst sinnvoll.

Weitere Protektoren wie Rückenprotektor, Hüft-/Schulterprotektor können zudem sinnvoll sein. Auf Tragekomfort, guten Halt sowie gute Belüftung ist insbesondere beim Kauf eines Helms zu achten.

Spezielle Tourenausrüstung

Tourenrucksack, topografische Karte (1:25.000), Kompass, Klebe-Tourenfelle (für Snowboarder alternativ auch Kurzski oder Schneeschuhe) gehören ebenso wie ein Erste-Hilfe-Set zur Grundausstattung bei Skitouren.

Auch weitere Zusatzausrüstung wie Steigeisen, Eispickel, Werkzeug- und Reparaturmaterial wie Klebeband, Stirnlampe, Reepschnur, GPS-Gerät sowie die Notration Schokolade haben schon so manchen Freerider aus einer misslichen Lage gerettet. Solche Dinge dabei zu haben, ist nicht immer notwendig, kann aber hilfreich sein.

Die hier aufgeführten Gegenstände sind nicht vollständig und müssen für jede Tour individuell zusammengestellt und ergänzt werden. Gletscher- und Steilwandausrüstung, Klettergurt, Seil, Karabiner, Reepschnüre, Bandschlingen, Eisschrauben und sonstige Kletter- und Eisausrüstung sowie der geübte Umgang damit sind Voraussetzung für angepasstes Risikomanagement bei Hochtouren und Unternehmungen im extremen Bereich.

Die entsprechenden Klettertechniken sowie spezielle Rettungstechniken (Spaltenbergung!) sollten unter fachkundiger Anleitung erlernt werden. Das Material wird ständig weiterentwickelt.

Natur und Umwelt

Freeriden und Skitouren haben ein besonders hohes Störungspotenzial für Wildtiere. Die Wintersportler dringen in den Lebensraum der Tiere ein. Zusätzlich ist Fluchtverhalten im Winter für die Tiere auch mit einem hohen Energieverbrauch verbunden, den sie aufgrund der Witterung und des dadurch reduzierten Nahrungsangebotes oftmals nicht oder nur mühsam kompensieren können. Es gilt daher für Freerider und Skitourengeher:

• Ausgewiesene Routen wählen, um die Tiere in ihren Rückzugsgebieten nicht zu stören und Aufeinandertreffen zu vermeiden.
• Keine Skitouren / kein Freeriden zu ungewöhnlichen Zeiten (z.B. nachts) unternehmen.
• Ruhiges Verhalten während der gesamten Tour.
• Kein Füttern von Wildtieren! Insbesondere schwachen Tieren kann falsche Nahrung das Leben kosten, anstatt es zu retten.

SKIFAHREN

Ausrüstung

Alpines Skifahren hat seit den 1980er Jahren eine rasante Materialentwicklung durchlaufen.

Nach der Carving-Revolution folgte die sogenannte Rocker-Revolution, gleichsam haben sich Materialien im Skischuh- und Bindungsbereich stark verbessert, ebenso wie in der funktionellen Bekleidung.

Neben Moden und Trends ist es immer wichtig, auf eine korrekte Funktionsweise der Ausrüstung zu achten. Ein jährlicher Check der Ausrüstung auf Beschädigungen empfiehlt sich insbesondere vor Saisonbeginn.

Anreise

Die meisten Wintersportler reisen individuell mit dem eigenen Auto an und verursachen daher vielfältige Eingriffe in Natur und Umwelt. Die Individualanreise ist einer der größten Verursacher an Treibhausgase und der Platzbedarf ist Treiber für die Flächenversiegelung und Verschlechterungen der Luftqualität. Wir bitten jeden Wintersportler, die eigene Anreise-Aufwendungen auch in dieser Hinsicht gering zu halten.

Alle Orte in diesem Guide sind mit dem Öffentlichen Nahverkehr erreichbar. Die jeweiligen Knotenpunkte und Haltestellen sind beschrieben.

WIR EMPFEHLEN DAHER ZUR ANREISE:

DEN VERKEHRSVERBUND TIROL:

 smartride.vvt.at

DIE ÖSTERREICHISCHE BUNDESBAHN:
WWW.OEBB.AT

DIE INNSBRUCKER VERKEHRSBETRIEBE:
WWW.IVB.AT

Natur und Umwelt

Die Auswirkungen auf die Natur durch Skiinfrastruktur und Skifahrer sind vielfältig. Aufgrund der zunehmend unsicheren Schneewetterlagen besteht ein teils stark erhöhter Energie- und Wasserbedarf zur Beschneiung der Pisten. Hinzu kommen die mit dem Betrieb des Skigebietes verbundenen Emissionen und der Lärm.

Skigebiete sind durch ihre naturfremde, industriell-technische Gestalt ein großer Eingriff in bestehende Ökosysteme. Breite Pisten bewirken insbesondere eine Zerschneidung der umliegenden Lebensräume für heimische Tiere und Pflanzenarten. Flächenversiegelung, Bodenerosion, Kollisionen von Waldvögeln mit Seilbahnen sind weitere negative Auswirkungen des Skifahrens, um nur einige Punkte zu nennen.

Skifahrer können ihrerseits dazu beitragen, diesen Sport naturverträglicher zu gestalten indem sie:

• mit öffentlichen Verkehrsmitteln anreisen.
• auf nachhaltige, qualitativ hochwertige Produkte setzen.
• Skigebiete in ihrer unmittelbaren Umgebung besuchen.
• in Skigebiete fahren, die keine künstlichen Beschneiungsanlagen betreiben.
• auf Skifahren außerhalb der Wintersaison (bspw. auf Gletschern!) weitestgehend verzichten.

BERGSTEIGEN UND WANDERN

Wandern ist eine herrlich simple Tätigkeit, die wenig Material und Materialkenntnisse erfordert. Gute Wanderschuhe, ein Tagesrucksack (Fassungsvermögen ca. 20 - 30 Liter) und wetterangepasste Kleidung – schon kann es losgehen. Die Schuhe sollten ein gutes Profil haben und gut eingelaufen sein. Die Kleidung sollte nicht zu warm, aber auch nicht zu kalt für die windige Gipfelrast sein. Und der Rucksack sollte etwas Getränke, Verpflegung und ein Wechsel-Shirt oder Jacke enthalten.

Auf Klettersteigen und langen Wanderungen ist größeres Augenmerk auf die Ausrüstung zu legen. Nicht eingelaufene Schuhe können dich hier in eine unvorteilhafte Lage bringen und echte Schmerzen verursachen. Eine vollständige und intakte Klettersteigausrüstung (Helm, Handschuhe, Gurt, Klettersteigset, evtl. Bandschlinge mit Karabiner zum Ausruhen) ist bei der Klettersteig-Tour unerlässlich.

Eine wind- und wasserdichte Jacke sollte bei unsicheren Wetterbedingungen ebenso immer dabei sein.

Ausrüstung und Fähigkeiten
Bergsteigen und Klettern

Zur Grundausstattung zum Klettern und Bergsteigen zählen Kletter- oder Bergschuhe, Klettergurt, Karabiner und Kletterseil sowie diverse Sicherungsvorkehrungen und Abseileinrichtungen. Je nach Einsatzart und verwendeten Techniken unterscheiden sich die letztlich verwendeten Ausrüstungsgegenstände. Oft benötigt man die Ausrüstung nicht vor Ort. Es empfiehlt sich aber dennoch die Sicherheitsausrüstung für die gängigen Berg- und Notfallszenarien dabei zu haben.

Die Möglichkeiten sind zu vielfältig und umfangreich, als dass sie hier einzeln behandelt werden könnten. Wichtig ist in jedem Fall, diese Ausrüstung jeweils passend für die eigenen Vorhaben auszuwählen und auch unter Zeitdruck und Notfallstress situativ anwenden zu können.

Via Ferrata Set

Klettersteiggehen kombiniert Wandern mit Elementen des Bergsteigens. Es werden teils schwierige Routen begangen, dabei führt einem die Route an den schwierigen Stellen oder durchgängig an einem fest installierten und geprüften Stahlseil entlang. Weitere Wegsicherungen wie Eisenstifte erleichtern den Auf- und Abstieg.

Zur Eigensicherung an der Route wird ein Klettersteig-Set empfohlen. Das Set besteht aus zwei speziellen Karabinern zum Einhaken in das am Berg angebrachte Stahlseil. Über ein kurzes Seil mit Bremsfunktion wird dieses am Klettergurt fixiert. Bei einem Sturz verhindert die Bremse den abrupten Halt in der nächsten Verankerung am Berg. Eine einfache Bandschlinge kann den kompletten Sturz in die Tiefe zwar auch verhindern, die fehlende Bremsfunktion ist allerdings zu bedenken. Sehr schwere Verletzungen können mit einer solchen Bremsfunktion unter Umständen leicht verhindert werden.

Für Klettersteig-Einsteiger empfiehlt es sich, den Umgang mit der Ausrüstung zu Erlernen und zu Testen. Meist genügt dazu eine kurze Einweisung eines erfahrenen Bergsteigers sowie Konzentration in der Umsetzung.

Natur und Umwelt

Wanderer und Bergsteiger bewegen sich in den natürlichen Lebensräumen von vielen Tieren und Pflanzen. An stark frequentierten Routen kann bei manchen Tieren ein Gewöhnungseffekt gegenüber Wanderern und Bergsteigern auftreten und sich die Fluchtdistanz verringern – umso wichtiger ist dann das Bewusstsein, dass man es nach wie vor mit Wildtieren zu tun hat, die in ihrem Lebensraum nicht zusätzlich gestört werden sollten. Naturverbundene Wanderer und Bergsteiger können durch folgendes Verhalten ihre Beeinflussung geringhalten:

- Ruhiges Verhalten – vermindert die Störung und ermöglicht oftmals Begegnungen mit Tieren, die in Erinnerung bleiben.
- Kein Füttern bettelnder Wildtiere (bspw. Alpendohlen). Sie finden in der Natur in aller Regel das, was sie brauchen und ihnen guttut.
- Auf den Wanderwegen bleiben. Dies gilt das ganze Jahr, besonders wichtig ist es jedoch im Frühjahr, wenn viele Wildtiere ihre Jungtiere zur Welt bringen.
- Fotografieren statt pflücken. Sehr viele Alpenpflanzen stehen unter strengem Schutz und dürfen nicht gepflückt werden. Indem du fotografierst statt pflückst, ist die Natur geschont und andere Bergsteiger erfreuen sich auch an diesem schönen Naturschauspiel.
- Eine öffentliche Anreise zu den Ausgangspunkten der Wanderrouten ist vielerorts rund um Innsbruck möglich.

MOUNTAINBIKEN UND RADFAHREN

Planung und Schwierigkeiten
Rechtliche Regelung

Mountainbiken ist laut Forstgesetz auf dafür nicht freigegebenen Wegen außerhalb des Straßenverkehrs verboten. Nicht geregelt ist das hochalpine Ödland. Zu beachten sind auch oberhalb der Waldgrenze Wege- und Weiderechte der Eigentümer.

Die Planung verläuft ansonsten ähnlich einer Wandertour. Besondere Rücksicht auf andere Wegnutzer beziehungsweise Wanderer ist einzuhalten. Der für Wanderer als „stärker" wahrgenommene Biker macht Platz, nimmt den Fullface-Helm ab und verhält sich zuvorkommend und respektvoll. Alle anderen Biker machen das bitte auch so.

Ausrüstung

Für die Ausrüstung braucht man natürlich ein Bike – ob Trails Enduro oder Downhill Mountainbike – und dazu Schutzausrüstung, die mindestens aus einem Helm besteht. Empfehlenswert sind Handschuhe, Knieprotektoren, außerdem Oberkörperschutz wie Rückenprotektor beziehungsweise Halsschutz.

Großen Wert sollte man in den sehr steilen Trails in Tirol zudem auf eine sehr gute Bremsanlage legen.

Natur und Umwelt

Radfahrer oder Mountainbiker bewegen sich meist schneller fort als Wanderer. Dies hat zur Folge, dass sich Wildtiere weniger an diese Störungen gewöhnen und ihr Fluchtverhalten verstärkt auftritt. Auch die hochalpine Flora ist sehr empfindlich und leicht störbar. Folgende Punkte sollten Radfahrer / MTBer beachten:

- Ruhiges Verhalten und vorausschauendes Fahren.
- Gezielte Wegsperrungen beachten.
- Kein Radfahren abseits markierter Wege.

Mit der erhöhten Geschwindigkeit von Mountainbikern gehen im Vergleich zu Wanderern größere Schadenspotentiale einher. Daher ist auch auf die Fahrweise je nach Bodenbeschaffenheit zu achten. Fahren im Regen / bei starker Feuchtigkeit und Abfahren mit blockiertem Hinterrad führt zu verstärktem Wassereintritt an neuralgischen Punkten der Wege und damit stärkeren Wegschädigungen. Besonderes wichtige Punkte:

- Im Regen / bei starker Feuchtigkeit nicht auf naturbelassenen Wanderwegen fahren.
- Skidding („blockiertes Hinterrad") vermeiden. Tipp: Fahre vorrausschauend und verbessere deine Fahrtechnik und schone damit die Wege.
- Auf den Wegen bleiben und Kurven nicht abkürzen.

WASSERSPORT: KAYAK, RAFTING, SURFEN, SCHWIMMEN

Die natürlichen Gewässer in den Tiroler Bergen erfordern besondere Aufmerksamkeit und Vorsicht.

Im Inn und den Zuströmen sind besondere Gefahren zwingend zu beachten. Ein kleiner Fehler kann hier bereits tödlich sein. Allgemein sollte man für Kayaken, Raften und Surfen ein sehr guter Schwimmer sein und mit dem Gewässer vertraut sein. Insbesondere, aber nicht nur bei Hochwasser, sind im Wasser treibende Gegenstände wie Äste und Baumstämme eine große Gefahr.

Zur Sicherheit müssen Techniken und Fähigkeiten zur Eigen- und Kameradenrettung Techniken aus den verschiedenen Gefahrenlagen erlernt und immer wieder geübt werden. Generell ist man gut beraten, das eigenständige Befreien aus den vielerlei gefährlichen Situationen mit und ohne Sportgerät zu kennen. Beim Kayakfahren ist dies unter anderem die „Eskimorolle" und die Befreiung aus schwierigen Gewässerlagen. Vor dem Ausüben dieser Sportarten sollte das aktuelle Wetter (Niederschlag) in den Einzugsgebieten der Flüsse sowie der Wasserstands-Pegelanzeiger beachtet werden. Lokale und zeitliche Sperrungen müssen beachtet werden. Schwimmen im Inn ist offiziell verboten.

Natur und Umwelt
Kayakfahren und Rafting gehören zu den Sportarten, die aufgrund der Gewässerschutzzeiten nur zu gewissen Jahres- beziehungsweise Tageszeiten ausgeübt werden dürfen.

• Um diese Sportarten auch in Zukunft auszuüben zu dürfen, ist es wichtig, sich genauestens an die jeweils geltenden Beschränkungen zu halten.

• Ein- und Ausstiege dürfen nur an den dafür vorgesehenen Plätzen durchgeführt werden.
• Aktuelle Informationen zu Tirols Wildwasserstrecken: tirol.gv.at / verkehr / verkehrsrecht / schifffahrt / wildwasserstrecken.
• Schwimmen in Bergseen: Bitte die empfindlichen Berggewässer schonend behandeln und nicht mit Make-Up oder Sonnenmilch am Körper eintauchen.

GLEITSCHIRMFLIEGEN

Beim Gleitschirmfliegen müssen, wie bei allen Flugsportaktivitäten, die besonderen Regelungen des Luftraums beachtet werden. Es sollte Klarheit über die Start- und Landepunkte vor dem Start vorliegen und insbesondere Flugverbotszonen (wichtig: Flugverbotszone Innsbrucker Flughafen!) müssen beachtet werden. Die Innsbrucker Fluggebiete liegen in der Nähe beziehungsweise am Rande der Kontrollzone Innsbruck – die flugrechtlichen Gegebenheiten müssen daher besonders genau vorab studiert werden.

Vor einem Start sollte man zudem seine Ausrüstung und Sicherheitsausrüstung gegenchecken und die Sicherheitsmaßnahmen bei Turbulenzen und auftretenden Problemen kennen und eingeübt haben.

Außerdem sind zur eigenen Sicherheit die besonderen Strömungsverhältnisse bei bestehenden Wind- und Wetterlagen generell und spezifisch für den geplanten Ort und Flug zu kennen.

Viele hilfreiche Informationen zu den Strecken, Start- und Landepunkten, Wetterlagen sowie Flugverbotszonen finden sich beim Innsbrucker Gleitschirmfliegerverein:
www.innsbruckergleitschirmfliegerverein.org
Exakte Flugverbotszonen: www.austrocontrol.at

Natur und Umwelt

Bei Flugsportarten können Wildtiere den Sportler mit Greifvögeln verwechseln. Flugsportler
und ihre Sportgeräte stellen für Wildtiere daher
eine massive Störquelle dar und lösen oftmals
starkes Fluchtverhalten aus. Daher gilt:

- Nicht zu tief über Geländekuppen fliegen, um
  die Intensität der Störung für Wildtiere nach
  der Kuppe zu reduzieren.
- Nur ausgewiesene Start- und Landeplätze
  nutzen.
- Bitte die geltenden Flugbetriebsordnungen
  einhalten. Sie ist nicht nur gesetzlich ver-
  pflichtend, sondern auch sinnvoll.

Fototipps: Unsere besten Tipps und Tricks für bessere Landschaftsbilder

Raus aus der Mitte –
Drittelregel und Goldenen Schnitt anwenden.

Platziere deine Motive nicht direkt in der Mitte des Bildes. Versuche auf Dauer, dich in gute Gestaltungsregeln der Bildkomposition einzuarbeiten. Bis dahin: versuche, dein Bild in jeweils drei ähnlich große Teile aufzuteilen und platziere dein Hauptmotiv auf einer dieser gedachten Linien. Der goldene Schnitt – der als besonders harmonisch wahrgenommen wird – befindet sich ein kleines bisschen weiter mittig als die Drittelregel.

Ein einfaches Mittel: Die Drittelregel.

Platziere den Horizont im oberen Drittel, im mittleren Drittel zeigst du die Landschaft und im unteren Drittel ist ein Vordergrund.

Verändere deine Perspektive und bewege dich.

Bleib nicht immer nur wie angewurzelt stehen, sondern fotografiere mal nah am Boden, und falls möglich von einem erhöhten Standpunkt. Du wirst schnell sehen, wie dieser Perspektivenwechsel Veränderung in deine Bilder bringt.

Plane deine Landschaftsfotos.

Plane den Zufall, besuche spannende Locations und gehe zur richtigen Zeit fotografieren. Tipp: Die besten Landschaftsbilder machst du morgens und abends. Hier ist das Licht oft besonders schön.

Tipp: Die besten Landschaftsbilder machst du morgens und abends. Hier ist das Licht oft besonders schön.

Ausrüstung: Weniger ist mehr.

Wenn du mit deiner Fotografie nicht weiterkommst, liegt das eher nicht an deiner Ausrüstung. Versuche, deine Ausrüstung auf das Wesentliche zu reduzieren und konzentriere dich auf die Bildgestaltung. Eine Kamera mit manueller Einstellungsmöglichkeit und ein gutes / günstiges Objektiv reichen vollkommen für sehr viele Situationen.

Lass dich von anderen Fotografen inspirieren.

Schau dir an, was andere Fotografen für Bilder machen. Lass dich inspirieren und versuche, ihre Bilder nachzustellen. Wenn du dies schaffst, wirst du schnell sehen, wie deine Fotos variabler werden.

Mach nicht die Fehler, die Andere machen.

Lerne von anderen: Kein schiefer Horizont, belichte richtig, und übertreib es nicht mit der Bildbearbeitung.

Lerne die Grundlagen der Bildbearbeitung.

Heutzutage ist es kinderleicht, Bilder in der Nachbearbeitung zu verschönern. Nutze die Technik sinnvoll und probiere, deine eigene Stimme zu finden.

Sei kreativ.

Probiere immer wieder Neues! Landschaften, Porträts, Tiere, Sport, Nachtaufnahmen, Panoramen oder Reportage-Fotografie. Es gibt so viel zu entdecken. Tu es jetzt.

Hab Spaß und entdecke die Natur.

Geh so oft wie möglich raus in die Natur und nimm zu jeder Reise und jedem kleinen Spaziergang deine Kamera mit. Wir versprechen dir, dass du viel öfter als du es denkst, spannende Bilder machen kannst. Klar, eine atemberaubende Landschaft hast du nicht immer vor der Haustüre und es muss nicht immer eine Foto-Weltreise sein. Wir möchten dich dazu ermutigen, die kleinen Freuden des Alltags zu entdecken. Genieße die Zeit in der Natur und ihre Schönheit.

Arbeite dich in die manuelle Fotografie ein.

Verschlusszeit, Blende und Lichtempfindlichkeit sind die drei Hauptelemente der Fotografie. Sie beeinflussen sich gegenseitig. Dazu gibt es eine Reihe weiterer Grundlagen, die du langsam erlernen kannst. Lerne, manuell zu fotografieren und setze die Technik allmählich zu deinem Vorteil ein.

Verständigungshilfen: Tirolerisch für Bergsportler

Der Tiroler Dialekt ist für Auswärtige nicht immer leicht nachzuvollziehen, hat er in einigen Abwandlungen doch nurmehr sehr wenig mit dem hochdeutschen Äquivalent zu tun. Viele Innsbrucker und Tiroler sind auch stolz auf ihre besonderen Kommunikationsformen und stellen sie gerne zur Schau. Damit die Verständigung zwischen Eingeborenen, Zugroasstn („Zugereisten") und dem Piefke („Deutsche Gäste") besser funktioniert, sind die für Bergsportler wichtigsten Begriffe hier aufgeführt.

Begrüßungsformen am Berg und auch in der Stadt

Grias-di, Griaß-enk, Griaß-eich	Grüße dich, Grüße euch
fiat-di, Pfiat-enk, Pfiat-eich	Auf Wiedersehen
Grüß Gott	Guten Tag, höfliche Grußform
Wiederschaun	Auf Wiedersehen, höfliche Grußform zum Abschied

Das „k" in „Griaß-enk" und „Pfiat-enk" spricht sich wie ein „kch" aus und bedarf besonderer Aufmerksamkeit. In seiner Ur-Tiroler Form empfehlen wir ein Üben unter fachkundiger Anleitung mit einem Einheimischen. „Hallo", „Hi", „Hey" sowie „Ciao" sind anerkannte Grußformeln, outen dich allerdings als Nicht-„Doiger" (= „Nicht von hier"). „Servus" ist eine bayuvarische Grußform und gerade noch anerkannt – wird lokal allerdings als „Serwas" ausgesprochen, um sich von den nördlichen Bayern abzugrenzen. „Tschüss" als Abschiedsgruß ist, wie vieles aus dem Deutschen kommende, bei den Eingeborenen eher verpönt.

Weitere hilfreiche Tiroler Ausdrucksformen

Isch des bärig!	Hat nichts mit Bären oder Beeren zu tun. Ausdruck der Begeisterung: „Das ist ja toll!".
Gewaltig	Innsbrucker Spezial-Ausdruck des Bärig-seins.
Mei schian!	Wie schön!
Piefke	Meist abwertend gemeinte Bezeichnung für Deutsche mit hochdeutscher Sprachfärbung. Der Begriff geht zurück auf ein eher steifes, korrektes und zuweilen zackiges und ruppiges Verhalten preußischer Soldaten. Süddeutsche und Bayern sind hiervon (meist) ausgenommen.

Wegfindung auf Tirolerisch

Wer nicht weiter weiß und andere nach dem Weg fragen muss, wird eventuell mit diversen Lautmalereien umgehen müssen.

Aui, auffi	Hinauf
Umi	Hinüber
Außi	Hinaus
Oi, ochi	Hinunter
Arschlings	Rückwärts
Grodaus	Gerade aus
Entn	Drüben
Olm	Immer
Lei	„Nur". Wird oft verwendet, um eine „nur" kurze Distanz auszudrücken. Ist dann doch meist weiter, als man erhofft.
Bichl	Hügel. Kleiner als ein Berg, manchmal auch nur eine Erhebung vor dem Gipfel. Kann für einen Flachländer auch wie ein ausgewachsener Berg aussehen.
Hittn	Hütte
Heisl	Toilette, keine Tiroler Hütte!
Schartn	(Scharte) Eine Einbuchtung / Joch zwischen alpinen Erhebungen, meist etwas steiler geografisch.
Kogl	Kogel, Name für eine Bergspitze
Ferner	In einigen Teilen Tirols wird ein Gletscher als Ferner bezeichnet. Teils auch nurmehr Eisreste / Toteis.

Zum Herausgeber

MARIUS SCHWAGER
ist Sozialwissenschaftler und Ökonom. Seine Leidenschaft sind Entdeckungsreisen in den Bergen. Dabei wird er Zeuge von stimmungsvollen, natürlichen Bildern und den Geschichten dahinter. Die Abenteuer finden ihren Weg in Bestsellerbücher, Magazine und zu internationalen Kunden. Am liebsten teilt er Erlebnisse mit Gleichgesinnten.

Mitgestaltende

CORNELIA ZEUG (LAYOUT & DESIGN)

Cornelia Zeug ist Mediengestalterin und Designerin. Aus Liebe zu Innsbruck und den Bergen gehört sie zu den Tiroler „Zugroastn". Im Winter ist sie meist beim Skifahren anzutreffen und zirkelt formschöne Bögerl in den Schnee.

LEON BÜHRLE (KARTEN)

Leon Bührle absolviert aktuell sein Masterstudium in Geografie an der Universität Innsbruck. Im Sommer ist er auf alpinen Hochtouren unterwegs und im Winter mit Tourenski auf der Suche nach reizvollen Tiefschneeabfahrten.

MATT CLARK (KAYAK)

Matt Clark ist Marketing Manager und Start-Up-Gründer. Der gebürtige Brite ist begeisterter Skifahrer und Wildwasserkajakfahrer und hat in Innsbruck die perfekte Basis gefunden, um seine Leidenschaften zu erleben.

ANGELIKA WAIBEL (NATURSCHUTZ)

Angelika Waibel ist Biologin und Naturschutzberaterin. Ihre Leidenschaft, die Flora und Fauna der heimischen Gebirgswelt zu entdecken und die Vielfalt der Natur zu erhalten, teilt und erlebt sie gern mit ihren Mitmenschen.

Danke an die Mitwirkenden:
Lorenzo Rieg, Lea Hartl, Nina Grill, Jan Berger, Konstantin Seger, Nico Bahro, Benjamin Petry, Tobias Huber, Sebastian Huber, Georg Stückler, Sebastian Friesl, Natalie Hinkkanen, Max Forster, Marco Beerenfeld, Dominique Heinrich, Lea Rauch, Mariella Eisenhauer, Juho Karhu, Peter Seidl, Marc Hartinger, Annika Tegeler, Tanja Harzenetter, Babs Doringer, Sharon Eisendle, Raphael Webhofer, Sandra Salobir, Anja Reinisch, Matthias Kraupe, Lukas Birnbaum, Nena Ratkovic, Fares Khrais, Maja Babiel, Alexander Richter, Paul Bichler, Marc Appelt, Daniel Amersdorffer, Melanie Bittner.